中华爱国人物故事

ZHONGHUA AIGUO RENWU GUSHI

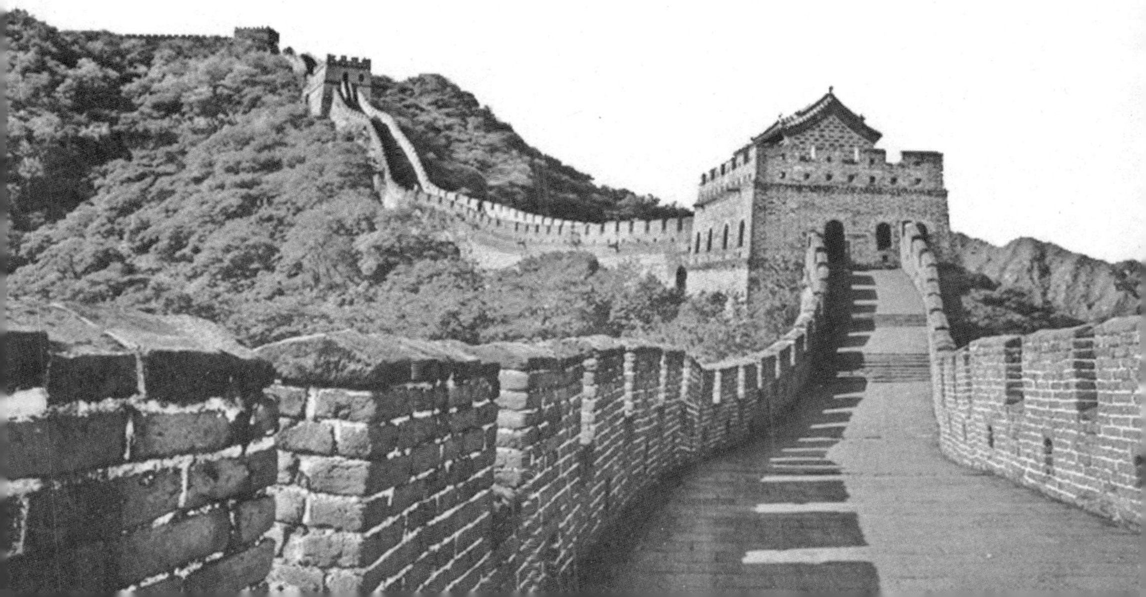

力抗匈奴的天才将领
卫青和霍去病

张　颖　编著

吉林人民出版社

图书在版编目(CIP)数据

力抗匈奴的天才将领卫青和霍去病 / 张颖编著. -- 长春 : 吉林人民出版社, 2011.5
(中华爱国人物故事)
ISBN 978-7-206-07888-0

Ⅰ. ①力… Ⅱ. ①张… Ⅲ. ①卫青(? ~前106年) – 生平事迹 – 通俗读物②霍去病(前140 ~ 前117) – 生平事迹 – 通俗读物 Ⅳ. ①K825.2-49

中国版本图书馆CIP数据核字(2011)第075815号

力抗匈奴的天才将领卫青和霍去病

LI KANG XIONGNU DE TIANCAI JIANGLING WEI QING HE HUO QUBING

编　　著:张　颖

责任编辑:丁　昊　　　　封面设计:七　洱

吉林人民出版社出版 发行(长春市人民大街7548号　邮政编码:130022)

印　　刷:鸿鹄(唐山)印务有限公司

开　　本:670mm×950mm　　1/16

印　　张:8　　字　　数:70千字

标准书号:ISBN 978-7-206-07888-0

版　　次:2011年5月第1版　　印　　次:2023年6月第4次印刷

定　　价:35.00元

总　序

胡维革

《中华爱国人物故事》是一套故事丛书。它汇集了我国历史上80位古圣先贤、民族英雄、志士仁人、革命领袖、先进模范人物的生动感人史迹，表现了作为中华民族优秀传统的伟大的爱国主义精神。

爱国主义是人们对于“生于斯、长于斯、衣食于斯”的祖国的一种神圣感情，是人们对于自己民族的一种强烈的责任感和使命感，是感召和激励整个中华民族的一面永不褪色的旗帜。在漫长的历史上，爱国主义一直激励着中华儿女为祖国的独立、统一、进步和繁荣而英勇奋斗。从伟大的思想家教育家孔子到统一全国的千古一帝秦始皇，从秉笔直书著《史记》的司马

迁到鞠躬尽瘁死而后已的诸葛亮,从伟大的浪漫主义诗人李白到精忠报国的民族英雄岳飞,从七下西洋传播友谊的郑和到抗击倭寇的民族英雄戚继光,从苟利国家生死以的林则徐到为变法流血的第一人谭嗣同,从威震敌胆的抗联将军杨靖宇到人民音乐家聂耳与冼星海,从踏遍青山人未老的李四光到万婴之母林巧稚,从县委书记的好榜样焦裕禄到情系雪域献身高原的孔繁森……都表现出了强烈的爱国主义精神。正是由于热爱祖国的人们前仆后继地奋斗,国家和民族才得以生存,历经一次次历史危机关头而能转危为安,走向兴盛和富强,从而屹立于世界民族之林。爱国主义是鼓舞中华儿女历经忧患、跨越沧桑、百折不挠、自强不息的伟大力量,它贯穿于中华民族的整个历史,并有力地凝聚着五洲四海的中国人。

爱国主义是一个历史的范畴，在社会发展的不同阶段、不同时期有着不同的具体内容。革命时期，需要我们为祖国的独立自主出生入死；建设时期，需要我们为祖国的繁荣富强增砖添瓦；在全国各族人民团结一心建设富强、民主、文明、和谐的社会主义现代化国家的今天，我们要争做一名新时期的爱国者。新时期的爱国者要有强烈的民族自尊心和自豪感。民族自尊心和自豪感是任何时期任何爱国者都必须具备的情感。民族自尊心能增强我们自立向上的恒心，民族自豪感能树立我们建设祖国的信心。要树立“祖国高于一切”的崇高信念，为了祖国和人民的利益不惜抛却个人的利益，甚至不惜牺牲个人的生命。要树立终身学习的理念，拓

宽自己的知识面，广泛吸收新知识新技术，完善自身的知识结构，更新学习知识的方法与理念，从思想上、知识上充分武装自己，为祖国的繁荣昌盛贡献力量。

爱国主义思想的继承和发扬，是关系到民族盛衰、国家兴亡的根本问题。一代代人爱国主义思想情操的形成，需要不断地培养。培养爱国主义的一个重要途径是向爱国主义的英雄人物和典范事迹学习。这套丛书的出版，对于人们向英雄和先进人物学习，特别是对于在中小学生中进行爱国主义教育，将可提供一些生动的教材。祝愿此书出版发行成功，为培养"四有"新人作出贡献。

于2011年4月23日

世界读书日

人物故事

编　委　会

○目录
CONTENTS

目录○
CONTENTS

牧羊娃入籍侯门

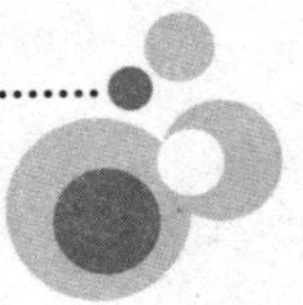

卫青是河东平阳人。平阳地处太行、吕梁两山之间，是大汉开国功臣平阳侯曹参的封邑。当年曹参追随汉高祖刘邦打江山立下了汗马功劳，后来被刘邦封为平阳侯，如今已是第4代了。

卫青的生父郑秀早年曾在联阳侯家做事，与寡居的侯家女仆卫媪私通，生下阿青。阿青6岁这年，为安抚先臣遗孤，天子特召平阳侯进京入仕，卫媪也要跟随主人一家迁往京城长安。卫媪便趁此机会找到早已离开平阳侯府的郑季，为了让儿子能够脱得家生奴身份，忍痛让卫青跟着父亲留在平阳。

此时，郑季是平阳的一名小吏，官俸微薄。原配妻子李氏已生有儿子，如今见丈夫领回个私生子，顿时火冒三丈。阿青从踏入郑家门的第一天起就如同掉进了无底的深渊，吃的是残羹剩饭，干的是粗重活计，挨饿打

太行山

骂是家常便饭。等到来年开春，嫡母李氏又塞给他一条竹鞭，让他去村外放羊。村外有片旷野和几座小山丘，那是阿青平时牧羊的地方，也是他最轻松惬意的地方。

花开花落，转眼阿青已在郑家呆了3年。一日，阿青正赶着羊群在山坡上吃草，忽听远处一阵人声喧哗。阿青好生奇怪，这里平日人迹罕至，怎会一下子冒出这么多人？爬到山坡上一看，却见成群结队的人扶老携幼，背包挑担，慌忙向前赶路。

“出什么事了？你们这是去哪儿？”阿青好奇地拦住一位老伯问道。那老伯抬头瞥了他一眼，叹了口气，没有睬他，带着两个孩童继续疾走。

“阿婶！到底出什么事了？”阿青又拦住一名抱着婴

孩的妇人。

那女人停下来喘了口气，叹道："匈奴人杀过　来了！"

"匈奴人？"阿青头一次听闻，不觉好奇道："匈奴人有这么可怕吗？比虎狼还凶？"在他心中，虎狼才是最凶残可怕之物。

"小兄弟，匈奴人一来就烧房子，掠东西，杀男人，抢女人。他们打过来，冲进我们的村子烧杀抢掠，可怜我丈夫……呜……"那妇人说着况呜咽起来。

出了村口，阿青径直来到他平日牧羊的山坡。漫天的风雪令人睁不开眼，他只好先躲到一个背风处。饥肠辘辘，天寒地冻，阿青使劲跺脚跳着，却怎么也驱不走彻骨的寒气。

"为什么我的命这么苦？"阿青怎么也想不明白。忽然间他又想起了母亲，阿青浑身顿生一股暖意。对！到长安找亲母去！想到这儿，阿青笑了，也不觉得身上冷了。打定了主意要离开郑家，阿青反而显得异常平静。地平线刚透出一丝亮光，阿青就悄悄起来了，他一个人走出家门，沿着村后的小路朝渡口方向走去。忽然听到有人在喊："快点！快点！先大概记个数，到了长安再清点吧！"啊！原来这船就是去长安的！阿青心中一阵惊喜，趁着众人都在忙碌，没人注意他，便偷偷溜上了船。

不知过了多久船终于靠岸了。阿青以为到了长安城，就赶紧溜下了船，没想到离长安还有好长距离，不知不觉又走了一天的路，此时困在役车上，又饿又累，头晕目眩，阿青倒在货品堆里迷迷糊糊地睡着了。

“咣当”一声，阿青觉得身体剧烈晃动了一下，他猛地睁开眼，这才察觉天已大亮了。清早起来，车夫们就动身赶路，谁也没发现车里藏着阿青。车内突然闹出动静，车夫遂停车质问。

阿青尽快从车里爬出来，抬头一看，眼前立着的车夫，布衣葛巾，浓眉大眼，膀阔腰圆，古铜色的脸倒还和蔼可亲。“你是谁家的孩子？为什么跑到我的车上来？你要去哪儿？”

阿青定定心神，回道：“我叫阿青，要到长安平阳侯府上去找阿母。”

“阿青？”车夫上下打量着阿青，又问，“你要去平阳侯府？你阿母是谁呀？”

“她是平阳侯府的仆人卫媪。”

“平阳侯府的卫媪？”车夫笑了起来，“平阳侯府只有一个卫媪，原来你是她的儿子！阿青？嗯！我听她提起过你。”

少言寡语的阿青向来不与陌生人多话，可是不知为何，面对这个车夫赵伯，他却备感亲近，竟然絮絮叨叨和他闲谈了一路。

翌日清早，阿青就跟着赵伯的车队进了长安城。长安城不愧是大汉帝都，天子脚下，气势果然不同凡响。恢宏的城门一门三洞，其宽度可容纳12辆车并行通过，正中最宽的门道是天子专用，其他两个门道则左出右入。进了城，首先映入眼帘的是两条3尺的沟渠，将宽阔的路面一分为三，正对应连着3个门洞，中间那条道自然是天子御用的驰道，两旁的侧道则供吏民使用。时下，西汉立国已有数十载，长安城处处显出太平盛世的繁华荣景，酒肆、食馆、各类作坊店铺星罗密布，蔚然可观。远处重峦翠中隐隐可见层层的殿宇宫阙，巍峨雄伟，金碧辉煌。

旭日东升，街面上已然人声躁动。阿青正四处张望着，忽见左侧道上迎面有几个身着裘衣、阔鼻深目的彪形大汉骑马而过。“他们是什么人？”阿青好奇地扭头问赵伯。

“那是匈奴人！”

“匈奴人？”阿青一惊，又瞪大了眼睛使劲看了看他们。先前那位逃难阿婶说，匈奴人是虎狼人，阿青还一直以为他们是长得像虎狼一样的人，可是今日看来，他们只不过衣饰长相与中原人不一样，也看不出有什么特别之处。为什么一提到匈奴人，众人都那么害怕呢？阿青心中好不纳罕。

长安城西北的北阕甲第，京城达官贵府第的聚居之处。阿青抬头一看，好个气派宅院。车队进了右边的侧门，径直来到一个堆放杂物的院子里。卸完了货，赵伯便领着阿青去见卫媪。母子重逢，自是一番悲喜交加。“阿母！别只顾着哭了，青弟能平安回来本是件喜事嘛。”说话的是个十二三岁的垂髫少女，身着葱绿色束腰长裙，俏目流转，神采飞扬。卫媪这才缓过神来，说道：“阿青！这是你的二姐少儿。”随后，又指向旁边一个年轻稍长的黄衣姑娘说：“这是你大姐君孺。”君孺安静内敛，不像少儿那般喜言笑。“子夫，你也过来吧！”卫媪朝立在门口的小女儿招了招手：“阿青！这是你的三姐子夫。”子夫还不满11岁，身量虽还未长全，却已显出美人坯形，一身水红色碎花束腰长裙，娇俏妩媚，婀娜多姿，更胜过她的两位姐姐。

除了三位姐姐，阿青还有一位长兄卫长君和两位幼弟阿步、阿广。一家人相见之后，卫媪对卫长君嘱咐道：“一会儿先带你弟弟去沐浴更衣，家丞可能随时会唤阿青去拜见公主。”

“拜见公主?”阿青惊道。

卫媪笑道：“公主当然是要见了。如今侯府已不似在平阳老家时的情景了，你现在也不算侯府的在册家奴。

公主是侯府里的女主人，进人撵人都要她点头的。”

阿青要去拜见的公主正是当朝皇帝刘启的爱女、太子刘彻的胞姐阳信公主。阳信公主闺名婧，表字君仪，年方15岁，去年刚刚下嫁到平阳侯府，因而改称平阳公主。

却说阿青忐忑不安地跟着母亲去后堂拜见公主。一进公主的房门，一股幽幽的香气扑鼻而来，好熟悉的幽香啊！阿青有些眩晕，却不敢抬头，只是跪在母亲身后，按照母亲的吩咐先规规矩矩地给公主磕了3个头。“公主！这是奴婢的儿子阿青，刚才老家平阳来，求公主随便在府中给他些儿事做，我们母子也好在一处了。”

“我都听家丞说了，阿青本就是侯府的人，再重新入籍也不是什么难事。既然是卫妈的儿子，就留下吧。”平阳公主慢悠悠地启口道，眼皮也没有抬。“这儿子几岁了？抬起头我看看。”

阿青抬头向上看去，这一抬头不要紧，登时就目瞪口呆地怔在那里。那容貌，那神态，甚至那裙饰都如梦中的一模一样。卫妈只好帮儿子打圆场，“这孩子刚从乡下来，没见过世面，公主莫怪呀！阿青今年9岁了，在乡下放过羊。”

平阳公主微微一笑，目光扫了扫跪在下面的阿青。只见他黑黑瘦瘦的，一双炯炯有神的虎目，透着些许与年龄不相称的忧郁。平阳公主忽觉心头一颤，怎么这眼神竟有几分熟识的感觉？半晌她才定定心神说道："你们先下去吧，回头问过家丞再看看有什么事能让他 做的？"

第二天一早，家丞就差人来道，说是阿青已经登记入册为侯府家奴，可以留下了，以后就去马厩里干活，那儿刚添了几匹小马驹，正需要人手。于是，阿青便留在长安平阳侯府，做了一名小马奴。

转眼又到了秋高气爽时。这一日，清风拂面，平阳

平阳公主（电脑合成图）

侯府的后花园亭台楼榭之间，平阳公主正凭栏而立，观望风景。马厩旁，一大群人正在围着一红一白两匹高头大马品头论足。那两匹马比别的马要高出一头，都是来自草原的良种马，毛色纯正，一匹赤红，一匹雪白，白色的唤作追风，红的唤作逐日。追风和逐日性情极烈，才进府几天竟已伤了好几个人，所以众人只远远围着议论，都不敢靠近。

阿青从容淡定地为逐日梳理鬃毛，他轻轻拍了拍逐日的头，那马顺从地俯下身来，阿青在它耳边低语几句。早年在生父家牧羊时，他就通了羊语，这几年在侯府的马厩里，整日与马儿待在一起，渐渐地也通了马语，因而马儿都与他非常亲近。来长安已经5年了，如今阿青已是一个14岁的壮实少年，长年习武，练得体魄旨健，材力绝人。

突然，人群中有人搞了个恶作剧，一个小石块飞了过来，正打在逐日的屁股上。逐日一惊，引颈长啸一声，猛地踹了阿青一脚。阿青冷不防被踹倒在地，等他回过神来，逐日已挣脱了缰绳，嘶鸣着奔跑出去。只见阿青迅速从地上爬起来，飞身上了旁边那匹白色的追风，直追那逐日而去。在围观人群的惊叫声中，那逐日一路狂奔着，迎面正碰上前来看热闹的平阳公主。

平阳公主脸都吓白了，慌乱得不知所措，正在千钧一发之际，阿青骑着追风赶来了。阿青飞身跳上了逐日的背，双手先紧紧搂住它的肚子，双腿紧紧夹住马腹，双手揪住马耳朵，屁股紧贴在马背上纹丝不动。僵持了一会儿，大概是折腾累了，逐日渐渐平静下来，终于顺从地让阿青骑在上面。

这几年阿青很少有机会能见到公主，公主从不来马厩，而阿青却是整日待在马厩里，不是和马儿在一起，就是跟着义父习武，或是跟周祥师傅读书，偶然在路上碰到公主，也是赶紧正襟俯道行礼，不敢抬头多瞧一眼，所以平阳公主当然不记阿青是谁了。眼前这个英姿勃勃、身手矫健的壮实少年，就是5年前那个黑黑瘦瘦、傻呆呆的乡下小男孩，平阳公主不由得眯起眼睛笑了，啧啧称道："阿青！真是好身手啊！"平阳公主仍是笑盈盈地

平阳公主墓出土的鎏金马。史书记载其为"金马"，系以西汉时大宛国的汗血马为原型而精制的工艺品。（现收藏在茂陵博物馆）

说道："阿青，我有个骑从前日回平阳老家去了，我想让你来顶这个缺儿，以后你就跟着我吧！"阿青恭敬答道："公主让阿青做什么，阿青一定万死不辞！"

一场偶然的巧遇改变了阿青的生活，他走出马厩，做了公主的骑从。由于阿青通马性，很快就学得一手精湛的御马之术，平阳公主见之大喜，于是又将他调任御者之位，专职为自己驾车。御者要比一般骑从地位更尊显一些，也离公主更近。

汉景帝大丧之后，16岁的太子刘彻择吉日登基，年号为建元，他就是后世所称的汉武帝。登基大典之后，平阳公主很少出门，所以阿青常在马厩里。前不久，二姐卫少儿生下一名男婴。阿青做了舅舅，现在又多了一项哄小外甥的任务。原来这个小外甥哭起来嗓门奇大，尤其喜欢在夜间啼哭，扰得人不得安宁，全家人都哄不住他，只有阿青一抱他就不哭了，所以哄小外甥的任务自然落到阿青身上。

这一日，阿青还未出门，远远就听到小外甥的大嗓门在迎接他了。阿青冲母亲笑了笑，问道："这孩子的名字取了吗？"

"才和你姐姐商定好了，就叫他去病吧，咱们家的孩子还能图什么呢？也就图个没病没灾，能平平安安地长大。"卫媪叹了口气，又道："这孩子别的都好，就是太吵人了。”

“阿母！嗓门大，底气足，身体壮，咱卫家可又添了个小壮丁了。”卫子夫一旁搭言道。

“子夫！去病他可是姓霍。”卫少儿认真地说着。

听姐姐谈论姓氏，阿青不禁又触动心事。他本是侯家女仆的私生子，从小就没有姓氏，随生父回到郑家后，他才有了一个正式的大名郑青，但郑家却从没把他当过儿子。来到长安，他对人只说自己叫阿青，闭口不谈姓氏，侯府家奴的名籍上登记的也只是“卫媪之子阿青”。前日家丞将卫媪找去，说是阿青已近成年，该给定个姓氏正式入册，看来为选定一个姓氏已是迫在眉睫的事了。

甘肃武威雷台汉晋墓出土的青铜辇车模型

“阿母！以后我就跟着兄姊们一起姓卫，好吗？”阿青做出了决定。

卫媪心中一动，儿子的心事她是明白的。遂应允道：“好吧！你以后就叫卫青，是卫家的第二个儿子。”

从此，阿青就成了卫青。此刻，卫媪大概做梦也没想到，他们今日定下的两个姓名——卫青和霍去病，日后居然都成了汉武王朝响当当的大将军，名垂青史。

建章营历练文韬武略

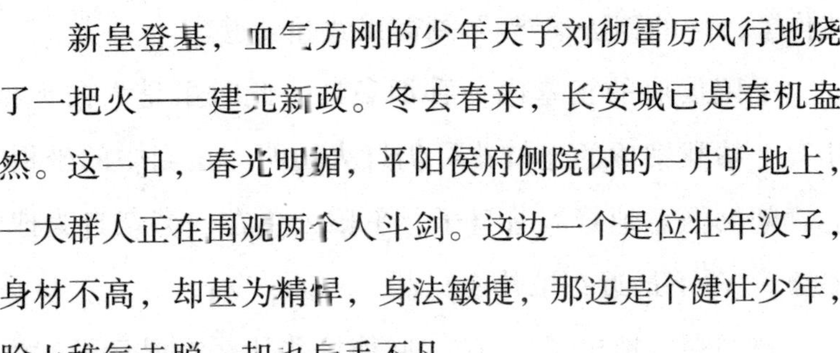

新皇登基，血气方刚的少年天子刘彻雷厉风行地烧了一把火——建元新政。冬去春来，长安城已是春机盎然。这一日，春光明媚，平阳侯府侧院内的一片旷地上，一大群人正在围观两个人斗剑。这边一个是位壮年汉子，身材不高，却甚为精悍，身法敏捷，那边是个健壮少年，脸上稚气未脱，却也身手不凡。

“好剑法！”突然一声震耳的喝彩传来，众人皆一惊，不约而同循声望去，却见那喝彩之人是位长身玉立的少年。只见他头戴峨冠，身着彩绣锦袍，剑眉高耸，阔额丰鼻，目光如炬，好个飘逸的少年！

“皇帝陛下驾到！”忽然，人群中有人大喊了一声。众人大惊，慌忙倒身下拜。原来这少年不是别人，正是那微服出来巡游的天子刘彻。

刘彻把目光投向那少年，少年忙道：“贱仆卫青叩见陛下！”

“卫青？”刘彻口中念着，犀利的目光上下打量着卫青。眼前的少年虽年齿尚幼，却英气勃勃，古铜色的脸棱角分明，尤其是那一双灼灼的虎目。刘彻不由得眼睛一亮，问道：“你是这府里的人吗？”

“贱仆正是长公主的骑从卫青！”卫青问道。

“原来你是长公主的骑从！难怪有人对朕说，长公主身边藏龙卧虎，今日一见果然此言不虚。卫青，朕记住你了，你的剑法不错。”刘彻兴致勃勃道。

平阳侯府的正堂内，香烟袅袅，此时虽是大白天，几案上精雕细琢的连枝花灯仍灯火通明。正当中的坐榻上，刘彻惬意地舒展着身子。平阳公主在一旁亲自为他斟酒。“陛下最近在忙什么呢？”

刘彻幽幽地出了口气，“朕能忙些什么？混日子 罢了。”

平阳公主劝道：“陛下不必如此悲观。来日方长嘛。此时万不可与老太太抵触，但陛下还可以挑一些老太太管不着和事情去做。”

“老太太管不着的事情？”刘彻一下坐了起来，“皇姐倒是和朕想到一块去了。最近朕正准备招纳一些精通骑射的世家子弟组编建章营呢。”

平阳公主一怔：“组编建章营？陛下念念不忘打匈奴

啊！”

“打败匈奴是朕最大的梦想。”刘彻激动地一挥袍袖，站起身来。“我煌煌大汉，地杰人灵，国富民丰，却屡屡用和亲奉送财物来换取和平，朕每每想到这些就觉得是莫大的耻辱！”

此时，清亮婉转的歌声传来，刘彻循着歌声望去，只见歌者是个二八妙龄女郎，身着葱绿色云雷纹束腰长裙，淡扫蛾眉，薄施粉黛，一双俏目，亮光可鉴的乌发松松地挽了个美髻。刘彻看痴了，情不自禁地起身朝那女郎走去。“你叫什么名字？”刘彻问道。

望着眼前风度翩翩的少年天子，那绿衣歌姬不禁怦然心动，秋波暗转地答道：“卫子夫。”

少顷，平阳公主忽又想起了什么，冲左右吩咐道：“去把卫青叫来！”平阳公主微微一笑，说道：“你姐姐子夫正和皇帝在尚衣轩呢，倘若你姐姐被皇帝相中，你还真是鲤鱼跳龙门了。”

正说着，刘彻换了一身素色云纹深衣大步流星地走了进来，此刻兴奋之情仍溢于言表。“皇姐，朕要召子夫进宫侍候。不知皇姐可舍得？”

平阳公主忙笑道：“舍得！舍得！姐姐当然舍得！”她一把拉过卫子夫，让她坐在自己身边。“陛下可知道，子夫和卫青可是姐弟俩呢！”

"卫青?"刘彻怔道:"噢!竟有此事?"

平阳公主冲着庭下的卫青一笑,使了个眼色。"卫青!还不赶快过来拜见陛下!"

卫青赶紧向刘彻行礼。刚刚宠幸了卫子夫,刘彻再见卫青心情自然就不同了。"卫青!你的剑法不错,愿不愿意从戎报国,打匈奴啊?"

"从戎报国,打匈奴?"卫青一愣,这个问题他还真未想过。曾经动心要跟义兄一起仗剑天涯,做个扶危济困、除暴安良的大侠,却因自己不是自由身,而且这里还有他的亲人,一直未能成行。从戎报国,打匈奴?这倒是个新鲜的想法!

建章营位于长安西郊的皇家园林上林苑中。大汉立国70年间,休养生息,国力大增,而匈奴对大汉的侵扰却愈加频繁了。刘彻早在做太子时就立下大志,一定要彻底根除匈奴之患,所以组建建章营也是这位雄才大略的少年天子在为日后的大汉基业培养人才。

转眼卫青在建章营已呆了一月有余。每天重复着枯燥的训练,只觉得日子一天天过得好慢。由于他的马上功夫不错,武功底子也深厚,卫青的骑射进步很快,但离建章营监李代的要求还差得很远,在全营的骑郎中他还是排在最后一个。面对耻笑声,他暗下决心要把功夫快点练好。这些日子,他一直是全营骑郎中训练最刻苦的一个，他的执着终于感动了一向对他很苛责的李代。近来李代专门给他开了几回小灶，单独向他传授经验，他的骑射功夫因此突飞猛进。训练再苦再累，读书是不能落下的，《司马法》是卫青平日最爱读的书，每天他都要拿出来读上一会儿，仿佛不咀嚼几句，一天就少了点什么。“……是故攻其国，爱其民，攻之可也；以战止战，虽战可也……”卫青口中喃喃念道，蹙眉深思着。

一晃又是两个多月过去了，卫青的骑射功夫在全营骑郎中已名列前茅，再也没有人嘲笑他了。几个月的建章营生涯已使他改变了许多，他常常独自静默沉思，心

练习骑射的卫青

中似乎装了更多的事情。

“卫青！你又在想什么呢?”李代悄悄走了过来。相处日久，李代愈发喜欢这个勤奋好学又倔强执着的小骑郎，所以他最近常喜欢找卫青聊天。

“李将军!”卫青连忙站起身来恭敬行礼。“卫青正在想《司马法》中的一句话，心中有些疑惑。但凡征伐，难免有杀伤破坏。攻其国却爱其民，以战来止战，其理虽通，可在真正的战场上，这个尺度恐很难把握，只怕到时候就顾不了那么多了。”

李代微笑着按了按他的肩膀，两人一同又坐了下来。“其实兵家的最高境界是不战而屈人之兵，任何兵戈征伐都是不得已而为之。”

“不战而屈人之兵?”卫青诧异道，“难道对匈奴虎狼也可以不战而屈人之兵吗?”

李代正色道：“对匈奴，不战而屈人之兵无疑是痴人说梦，所以才要止战而战。天下征战一向有正义与非正义之分，平天下之乱、解万民之危、诛暴扶弱之战是正义的，所以才有为安人而诛之、为爱其民而攻其国、为止战而战之说。”

“李将军！匈奴人究竟厉害在何处？为何我们大汉军队打不过他们?”

“匈奴铁骑如闪电一般，来去匆匆，飘忽不定。匈

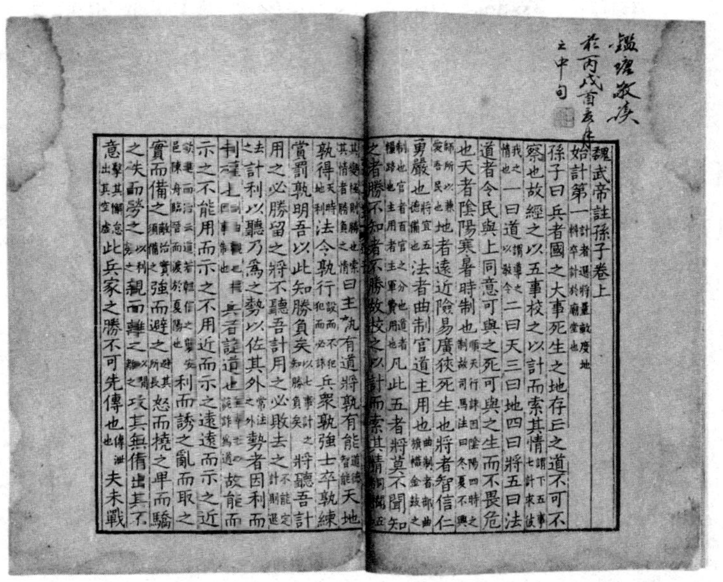
魏武帝註孫子卷上
始計第一（計者選將量敵度地料卒計於廟堂也）
孫子曰兵者國之大事死生之地存亡之道不可不
察也故經之以五事校之以計而索其情（謂下五事七計求彼我之情也）
一曰道（謂導之以教令）二曰天三曰地四曰將五曰法
道者令民與上同意可與之死可與之生而不畏危
也天者陰陽寒暑時制也（順天行誅因陰陽四時之制故司馬法曰冬夏不興
師所以兼愛吾民也）地者遠近險易廣狹死生也將者智信仁
勇嚴也（將宜五德備也）法者曲制官道主用也（曲制者部曲
旛幟金鼓之制也官者百官之分也道者糧路也主者主軍費用也）凡此五者將莫不聞知
之者勝不知者不勝故校之以計而索其情
曰主孰有道將孰有能（道德智能）天地
孰得（天時地利）法令孰行（設而不犯犯而必誅）兵眾孰強士卒孰練
賞罰孰明吾以此知勝負矣（以七事計之知勝負矣）將聽吾計
用之必勝留之將不聽吾計用之必敗去之（不能定計則退
去之）計利以聽乃為之勢以佐其外（常法之外也）勢者因利而
制權也（制由權也權因事制也）兵者詭道也（兵無常形以詭詐為道）故能而
示之不能用而示之不用近而示之遠遠而示之近
利而誘之亂而取之
實而備之（敵治實須備之也）強而避之（避其所長）怒而撓之卑而驕
之佚而勞之（以利勞之）親而離之（以間離之）攻其無備出其不
意（擊其懈怠出其空虛）此兵家之勝不可先傳也（傳猶洩也）夫未戰

《孙吴司马法》

奴人生在马背上，终日与野兽为伍，其心性野蛮强横。而我大汉军队却连一支像样的骑兵都没有啊！与强悍的匈奴铁骑相抗，我大汉军队确在劣势啊！”李代顿了顿，又问道，“你知道皇帝为什么要组建这建章营吗？”

“卫青听说皇帝是为了要加强皇宫的防卫，也想从中选些近侍。”

“非也！”李代笑道：“皇帝真正的用心是在为想建立一支能与匈奴铁骑抗衡的大汉骑军。”

“大汉骑军？”卫青一惊，瞪大了眼睛盯着李代。

“是的。”李代目光一闪，又接着道：“皇帝曾亲嘱老夫要好好训练大家的马上功夫，要照着匈奴铁骑的样子去训练，所以老夫半点不敢懈怠，对你们严苛了一些。当今天子虽然年轻，却胸怀大志，想要根治匈奴之患。只可惜老夫已年老不中用了，以后的大业还要靠你们这些年轻人。”

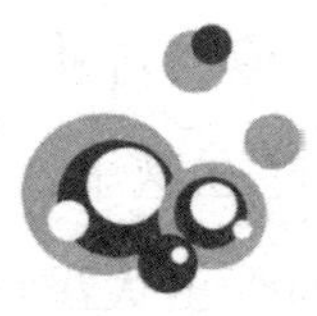

受命练骑军初露锋芒

踌躇满志的少年天子开始进一步实施他的宏图大志。为建立大汉强大的骑兵，刘彻下令广招西北诸郡精骑射的良家子弟和功臣勋贵之后来组建一支期门军，由卫青来负责。

新扩建的皇家园林上林苑幅员广阔，重峦叠翠，溪水淙淙。时值仲秋、上林苑依山傍水的旷野上传来战马嘶鸣声和兵器碰击声，这里是期门军的营地。几百名全副武装的期门新兵正在捉对练习马上厮杀，一时间，刀、枪、

卫青塑像

戈、矛、戟漫天飞舞。

卫青横马立在军阵前，凝神看着军士们训练。自从接受诏命组建期门军，卫青就把全部精力都投注在这里，耳边回响着天子的话："我们要在这上林苑里训练出大汉最英勇无敌的骑兵。"卫青备感肩上担子沉重，他必须要克勤克俭，片刻不得松懈。

阵前的厮杀还在继续，卫青看着忽然蹙起了眉头。骑兵马上厮杀与传统的车战不同，古老的兵器显然已经不大适合了。车战时代，敌我两阵相对极远，非长兵器不能及，故而常用长枪长矛作为进攻的武器。而骑兵作战是激烈的近距离格斗，长兵器必然要淘汰，而且兵刃的强度也要提高，方可适应新的形势，看来要建一支强大的骑军还要做很多准备。

几个月后，一支以童子兵为主的虎贲军营便出现在风光旖旎的上林苑中。正当卫青为这些琐事劳神时，他那个宝贝小外甥霍去病又粘上了他。卫少儿嫁给陈掌之

西汉铜车马仪仗

后，小去病也随着去了陈家，但他在陈家呆不惯，经常跑回卫府来。也是同病相怜吧，卫青一直对这个小外甥颇为宠溺，只要自己一有空儿，就会教他习剑，带他去狩猎。所以，小去病从小与舅舅最为亲近。

自从那年误打了皇帝銮驾的旗杆，小去病不但没有被禁止入宫，反而倒去得更频繁了。卫家人都奇怪得很，皇帝好像特别喜欢小去病，竟把他当作自己儿子般宠溺，特许他可以自由出入未央宫，还可以经常留宿宫中。起初卫青还以为皇帝是看在自己和姐姐的面子上，后来发现并不是这么回事，皇帝确实真心喜爱小去病。

这日，卫青有事进宫面君，却不想又在御花园碰到了小去病。“舅舅！我也要去军营！”一见到舅舅，小去病就上前粘住了。

卫青虎下脸厉声说：“去病！别的事情舅舅都可以答应你，军营可不是小孩子玩的地方，不许再胡闹了！”

“不！我偏要去！我要找皇帝去！”小去病犯起了倔劲儿，转身就往前殿跑，却不想险些和迎面而来的天子刘彻撞个满怀。

刘彻笑吟吟地拉着小去病走向卫青说道：“仲卿！就让去病跟你去吧！虎贲那些娃娃兵比去病也大不了几岁，早些让他感受一下军营的气氛也好。”见皇帝支持自己，小去病得意地冲舅舅吐吐舌头。就这样虎贲军营中从此

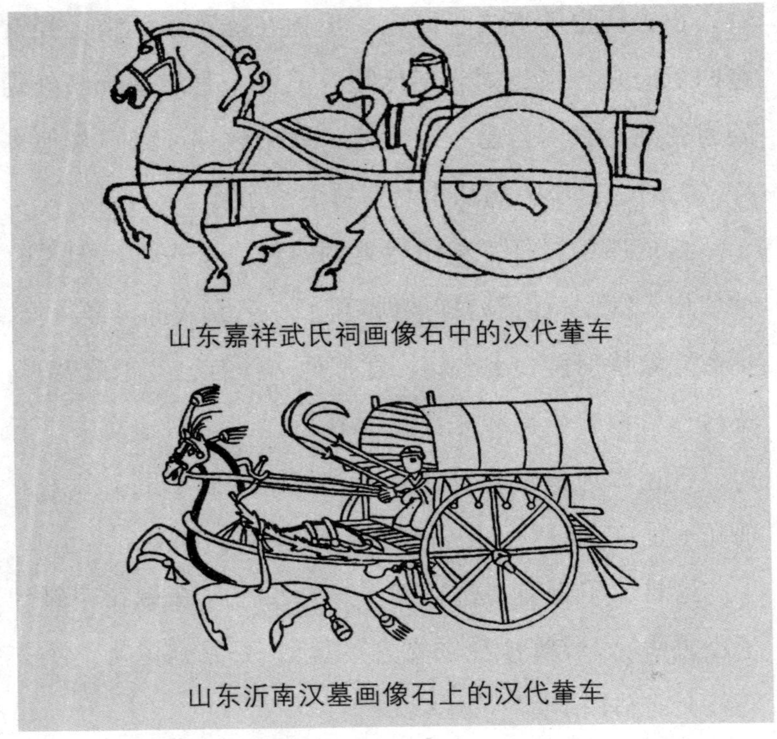

山东嘉祥武氏祠画像石中的汉代辇车

山东沂南汉墓画像石上的汉代辇车

又多了一位特殊的小客人。

在汉天子仓促之下进行的马邑之围劳而无获之后，汉匈之间靠和亲采维系的相对安宁也被打破了。此后，匈奴人的疯狂报复愈演愈烈，一时间千里北疆烽火不断，流离失所的边民源源不断地逃亡。

此刻，未央宫的宜室殿内，刘彻在案几前闭目养神。对匈奴的首战不利，虽不免有些沮丧，但这位雄心勃勃的天子却不会因此退缩，他的脑子里始终都在盘算着下一步棋。马邑之围的失利令他对朝廷那些老战车和老将军深感失望，也使他下定决心要对汉军进行一场深刻全面的变革。他要新战法、新战术，还要新的领军人物。然而，谁才能担起这个重任呢？刘彻忽然心中一动，想起了早就看好并一直刻意栽培的卫青。可卫青从未见过真正的战阵，而且出身低微、年纪轻、资历浅，恐怕难以服众。念及此，刘彻又觉得有些茫然了。

此时，卫青走了进来，见刘彻正在小憩，略一犹豫，便说道："臣想来问问陛下何时得空闲？""空闲？朕没有空闲的时候，有话你现在就说吧。"刘彻说道。君臣相处日久，彼此间已渐渐有了默契，他知道卫青一直在思考骑兵变革之事，而这也正是他此刻最关心的。卫青定定心神，回道："上次陛下去上林苑提及改良马种之事，臣在留心着，近来臣也接触了一些马贩。但马种改良，花费巨大，不知朝廷财政能否跟得上？""钱的事你不用提心，朕会想办法，你只需报个数上来。"说到马，刘彻又目光闪烁，来了劲头。"购买良种马，改良我们的马种，已经迫在眉睫。我们大汉现有的军马和匈奴军骑相比差得太远，根本不适合出塞作战。""出塞作战？陛下仍在想着出塞作战？"卫青心中一喜，看来长公主果然说得不错，皇帝是不会放弃他的梦想的。"建一支剽悍骁勇的大汉骑军，出塞痛击匈奴，这是朕从小的梦想，朕什么时候放弃过？"刘彻笑了笑，又正色道，"马邑一战给了朕当头棒喝，也让朕沉思良久，看来朕这盘棋需要重新布局了。原先指望着朝廷这些经验丰事的老将军能先给匈奴人致命一击，看来朕还是失算了。我们不能被老天牵着鼻子走，我们必须要掌握主动。”

卫青若有所思道：“臣以为，我汉军最致命的症 结——对匈奴心怀畏惧。长久以来，匈奴铁骑可以在我大汉境内横冲直撞，而我汉军却始终不敢跨越长城，更勿提出塞深入匈奴境内了，这都是畏敌之心，两军交战还未动手我们已处下风。长城是一道横亘的屏障，但这道屏障挡不住匈奴人的铁骑，却成了束缚我们自己手脚的天堑。为什么我们不能跨越长城呢？为什么我们一定要在边境上守株待兔呢？历来兵家作战都是法无定法的，这方面我们要向匈奴人学习，匈奴人生长在马背上，平时作鸟兽散，战时立即能集结，人人能引弓，尽为甲骑，少有约束。而我们汉人却守着太多的规矩和束缚，所以对付匈奴人才会处于劣势。冰冻三尺，非一日之寒，要解除对匈奴人的畏惧之心也非一日之功。臣以为，当前不可再行马邑之围那样大规模的军事行动，我们不妨先从小处着手，从小处做些尝试。我们不妨先集中人力物力训出一支短小精悍的骑兵，如果我们能打过长城，打到匈奴人的老家去，哪怕只是个小小的胜利，也会大大鼓舞我军的士气，从根本上慢慢消除对匈奴人的畏惧之心。三尺寒冰需一次次胜利方能慢慢融化！目前，我大汉骑兵不过是一群骑在马上的步兵，使用的是步兵弓弩，而适用于马上进攻的匈奴强弓，我汉军军士很多人都不会拉。要建立一支适应草原荒漠作战的骑兵，汉军还有许多方面需要变革。臣还有一个建议，眼下长安有不少匈奴降将，我们何不把他们请来参与训练我们的骑兵呢?”

“让匈奴人来帮着洲练骑兵，这倒是个好主意!”刘彻点头赞许道。“仲卿之言，句句都说在朕的心坎儿上。好！此事就交与仲卿来做，先试起来再说。财力、物力、人力你都不用考虑，朕会全力支持的。包括两宫卫士在内的所有军士，仲卿可以随意挑选来训练。你一定要先训出个模样来，好为朝臣做表率!”

卫青心下一阵狂喜，苦心历练了这么久，终于说服皇帝，让自己放手一试了。

元光五年（公元前103年）深秋，落叶飘零。这一日清晨，旭日东升之际，城门已大开，长安的八街九陌开始人声躁动了。突然，东北宜平门方向，一骑驿马携一缕尘烟飞奔而来。“上谷急报!”马上的信使手持鸿翎急报驶过城门，飞一般地朝着朱央官方向疾驰而去。

未央宫的宣室内，刘彻眉头紧蹙，脸色铁青。“匈奴人血洗上谷！御史大夫还有什么想说的？难道我们还要再等下去吗？自马邑之围后，朕已经考虑了4年，准备了4年，不能再等了。择时不如撞时！此番匈奴人血洗上谷，正是我军还击的最好时机，朕已下定决心予以出塞还击。这一次朕欲分兵4路，派遣车骑将军卫青、骁骑将军李广、轻车将军公孙贺、骑将军公孙敖等4位将军各领1万骑兵，分别从上谷、代郡、雁门、云中出塞，自寻目标，给匈奴人迎头痛击。”

却说各大军营戒备森严，上上下下都在紧张忙碌着各种战前准备。卫青冷峻的目光扫过面前的士兵们。“弟兄们，养兵千日，用兵一时，即日我们就要奔赴上谷！我卫青是头一次上战场，诸位心中对卫青可能会有种种疑惑。我也不想再多解释，一切就留待战场上见分晓！我只想告诉诸位，我卫青是带着你们去斩将擎旗，立功献首的。长久以来，匈奴铁骑在我大汉境内横冲直撞，肆无忌惮，越来越猖獗了，我们此去就是要改变这种状况，我们要让匈奴人也尝尝大汉铁骑的厉害，我们要打出大汉男儿的铁血雄风来。卫青对此战充满信心！”

与以往出征边塞的军阵不同，此次是清一色的骑兵，没有沉重战车，只听马蹄声疾。英姿飒爽的骑兵军阵驶过长安城的几条主要街道，好不威风！街道两旁、灞桥边上都挤满了看热闹的人群。卫青骑着马走在军 列中。

“舅舅！”刚上了灞桥，忽听得一声熟悉的呼唤，卫青一惊，扭头一看，只见小去病挤出人群正飞奔着向他跑来。

“去病！你怎么也来了？”

“我一早就等在这儿了。”小去病跑得脸上红扑扑的，“就等着跟舅舅说句话呢！”

“你想和舅舅说什么？”卫青饶有兴致道。

“舅舅可别把匈奴人都给打光了，也给我留一些啊！”小去病一脸认真地说道。

大军过了灞桥，长安已经越来越远。卫青凝神注视着远方，他知道前面等待着他的将是漫卷黄沙的大漠草原和铁血交织的酷烈战场。那将是他实践一生梦想的地方，家国恨，天下任，君王愿，恩主情，男儿志，都将汇集在这里，需要他一肩担起。

未央宫复原图

大漠奔袭降龙城得雁门

塞北起狼烟，铁骑出雄关。汉天子刘彻兵分4路，派出车骑将军卫青、骁骑将军李广、轻车将军公孙贺、骑将军公孙敖，各领1万骑军，北上反击匈奴，这是汉军自马邑之围后对匈奴的第二次主动出击。在沿途百姓的惊叹和新奇的目光中，4路大军出长安，远涉重关，分赴上谷、代郡、雁门和云中。

上谷为古幽州之地，自秦时就已设立为郡。这个毗邻匈奴的边郡从它设立之日起就从未太平过，虽有绵延起伏的长城为屏，却从未拦阻过匈奴人南下骚扰的铁蹄。此番匈奴人再度血洗上谷，隐忍了4年的汉天子刘彻终于一怒而起。揭开了汉王朝全面反击匈奴的序幕。

快到边塞了，卫青凝神注视着前方，远处长城上的烽火台已隐约可见。久居长安，匈奴人的暴行虽也常有所闻，却比不得北上沿途之景更令人触目惊心，一路上扶老携幼、举家迁徙的逃难边民不断地从北方涌来。

大军到达上谷郡城已是日中了。边郡的城门本就比较简陋，而劫后的上谷郡城门更是塌一角，墙头上到处是焦黑的痕迹，似乎还能嗅到刚刚散去的狼烟。

上谷营地的卫青军帐内，两盏羊脂灯仍跳动着微弱的火苗，面前展放着羊皮地图，卫青正端坐在案几前凝神静思。

奔袭龙城，这一惊人的决定他已酝酿了很久。早在长安时，卫青就从匈奴降将的口中了解了这个匈奴人的祭天圣地，但那时他还未下定决心走那么远，曾经考虑过很多目标，龙城只是其中的一个，一个最大胆也是最有诱惑力的目标。龙城在匈奴人心目中是神圣不可亵渎

上谷郡牌楼

的，倘若能偷袭成功，不仅能扬起大汉军民击败匈奴的信心，更能在心理和气势上压倒匈奴，实在是一举数得。但此举也确实极具冒险，或者说是在玩命。千里奔袭探险，深入匈奴的心腹之地，这是一条前人从未走过的路，会遭遇什么？有多少胜算？他毫无把握。走出来就是一条金光大道，一旦失手便成葬身之地。然而一路走来，逃难边民的哀声，尤其是走进上谷郡城给他的冲击，令他心潮起伏难平。此行肩负着天子的殷殷期望和上天的使命，他是没有退路的，大汉太需要一场胜利了，更需要扬起战胜匈奴的信心，当他走上长城眺望塞外的那一刻，他就已不再犹豫，纵然是冒天大的风险他也要去探这条路！

不知行了多久，抬头忽见前方有一小湖泊，卫青一勒马缰绳站住了，冲身后的士卒们挥挥手道："这里有个小湖泊！暂歇片刻，让战马饮饮水！"

"车骑将军！"校尉张次公从后面追了上来，"咱们走了这半天，只远远看见几个匈奴帐篷和一群群牛羊，怎么一个匈奴骑兵的影子也没瞧见？"

"没瞧见匈奴骑兵就对了！这要归功于两位向导带的路好！"卫青微微一笑，俯下身去捧起湖水洗了把脸。

"带的路好？张次公疑惑地挠挠头不解道，"碰不到匈奴骑兵就叫带的路好？那我们出塞干什么来了？"

“车骑将军!”随军向导手握司南过来问道:“这里是个三岔路口,往东约5里、往西10里地各有一个匈奴部落,再往北走200里才能到匈奴的祭天圣地龙城。我们一会儿往哪个方向走?”

“往北!”卫青斩钉截铁道。

“原来将军早定好目标想打龙城啊!”张次公惊讶道。

“兵家之道,避实击虚,出其不意,以最小的代价赢得最大的战果,这才是上策。硬碰硬的正面对决,那是不得已而为之的下计。不过,塞外战场上本就瞬息万变,如果躲不开也只有迎上去,要随时做好任何准备!”卫青面色冷峻地回道。

“照这个速度,不出意外的话,正午时分就能赶到了。”向导回道。

此刻,卫青正屏气凝神注视着前方,果然不多时,远处地平线上扬起一片烟尘,黑压压的人马渐渐现了出来,小湖泊旁的汉军人马开始躁动了。“大家莫要急!”卫青喝命道,“匈奴军骑离我们还有一段距离。通知前部穿戴好匈奴人的衣帽,把我们的大旗收起来,换上匈奴人的旗子!其余部曲各就各位,随时待命!”

这时,匈奴军骑也看到了汉军,一边继续朝这边走来,一边挥舞着旗子呼叫着。

匈奴骑兵

“我们也朝他挥旗子!”卫青一声令下，前部先锋也高举着匈奴狼头团腾旗使劲挥动着。匈奴军骑仍在往前行进，渐渐地越走越近，彼此已能听到对方人马的呼吸声。卫青凝神望去，只见前方各色狼头图腾旗迎风飞舞，刀斧寒光闪闪，前排匈奴兵头顶上的尖状高帽都已隐隐可见，看来一场硬仗似已难免。此番原想避开匈奴主力军骑，一路直捣龙城．虽然事先做好了周全准备，但还是人算不如天算，塞外战场本就是瞬息万变，今已初有体会。既然天意如此，那就只好提前在这里打一场遭遇战了。卫青虎目圆睁，咬紧了牙关，右手悄悄地握紧了剑柄，只待匈奴军骑再靠近一些，就下令出击。众人也都全神贯注，准备随时投入战斗。

眼看就要剑拔出鞘，匈奴军骑却忽然站住了，只见他们又挥着旗子大呼小叫了一阵，然后就转身朝西边走去。卫青愣了一下，手松开了剑柄，低头瞥见自己身上披的匈奴裘衣，不觉笑了起来。看来这玩意儿还真把匈奴人给糊弄了！

“咦！他们怎么往西边走了？”张次公疑惑道。

“看样子是往雁门方向去了！”向导回道。

“匈奴军骑的速度好快呀！”卫青遥望着匈奴军骑远去的背影轻叹了一声。

“这哪里算快了”向导感叹道。“车骑将军可没见着单于庭的王师，那才叫军容肃整，快如闪电呢！”

“是吗？”卫青怔了怔，略一沉吟，又问向导：“刚才过去的匈奴军骑是哪个部落的？”

雁门古城

“这可说不好！”向导犯愁道，“匈奴人向来游踪不定。不过看样子他们好像是从龙城方向过来的。”

“那么龙城现在会不会是一座空城？”张次公插嘴问道。

“空城？不可能的！”向导肯定道：“龙城是匈奴人的祭天圣地，就是再空也会有若干甲士守护。”

“好！”卫青目光一闪，按了按腰间的宝剑，大声命道：“传令下去！立即上马！继续前进！直奔龙城！一路上要尽量避开骚扰，打起匈奴人的旗子，把我们的大旗收起来，到了龙城再打开！”

一望无际的大草原上，青草萋萋，劲风拂面，远处飘来悠扬的胡笳乐，粗犷豪迈的歌声和之而来，这里是匈奴人祖祖辈辈生活的天地。大草原上尽兴而歌的匈奴人此时做梦也没有想到，一支万余人的汉军铁骑正悄悄地走进了他们的心脏。

卫青抬头望了望天，骄阳当空，耀眼的光芒如烈火般直泻下来，他浑身一震，顿觉鞘中宝剑似要跳了出来。探马飞驰来报：“启禀车骑将军！龙城约有数千守军，正在午休，防备松懈。”

“好！”卫青冷笑一声，回身喝命道：“弟兄们！前面就是匈奴人的祭天圣地龙城！此时正值龙城守卫空虚，一鼓作气杀过去，杀他个措手不及！建功立业、扬我大汉神威的机会到了！吹响号角！擂起战鼓！把我们的大旗打起来，随我冲啊！”一声令下，号角、战鼓齐响，卫青左手执剑，右手拿刀，一马当先地冲在最前面。

“冲啊！”上万个声音汇成一股洪流，大队汉军铁骑风驰电掣般扑向龙城……

一声号角撕心裂肺，万余汉军铁骑如同一阵狂飙似的席卷过来。一片烟尘之中，卫青一马当先，一路左劈右杀，来到祭坛前，横剑立马，冲周围追杀逃兵的士卒们大声喝道：“弟兄们！不许恋战！速战速决！此处乃匈奴腹地，不宜久留！”卫青正色道，抬头望了望祭坛上的匈奴狼头图腾旗，冷笑一声，走上前去挥剑斩落于地，然后回转身来冲着远处的匈奴逃兵们厉声喊道：“回去告

汉军与匈奴交战图

汉朝兵马俑

诉你们大单于，大汉车骑将军卫青今日到龙城！”

“车骑将军威武！大汉必胜！”一声声威武的口号在残败的龙城祭坛前回荡着。

此次出征，边郡军情紧急，不容耽搁，大军连夜开拔。一声号角划破了寂静的长安上空，在紧密的战鼓声中，一支3万人的骑军威风凛凛出了军营，过了灞桥，取道河东沿着汾水北上，直奔雁门而去。

一路风餐露宿。日夜兼程，卫青率军已兵临雁门。雁门郡，因其内的雁门山而得名。群蜂挺拔、势陡峭的雁门山，自古便是兵戈争锋的险要之地，因山东西对峙，其形如门，飞雁出于其间，故名雁门山。相传每年开春，南雁北飞，口衔芦叶，飞到雁门盘旋半晌，直到叶落方能过关，可见其势之险峻。汉时雁门设有勾注塞，以御匈奴的进犯。然而虽有巍峨险峻的雁门山横亘于此，匈奴却仍不时穿越勾注塞，打进塞内，骚扰大汉边民。

夕阳西下，山河尽染，卫青凝神眺望着远方，久闻大名的雁门山已隐隐纳入视野了。遥想当年赵国名将李牧曾在此设下奇阵，诱敌深入，大破匈奴10万铁骑，致使此后十余年间匈奴不敢再入侵。秦朝大将蒙恬更是从这里出塞，一举收复河南，将匈奴人赶到了阴山以北。然而有汉以来，匈奴人却频频从此地叩关骚扰，大汉戍边将士常年疲于防守，防不胜防。想到此，卫青不觉心头一紧，浑身热血上涌，抬头忽见前方有一处溪流，遂回身冲士卒们说道："弟兄们，今晚就在此处歇了。点起篝火，好好休息一夜，明晨我们就直接挺进勾注塞。"

一声令下，3万人尽翻身下马，安营扎寨，不多时，一堆堆篝火就熊熊燃烧在潺潺的溪流畔。奔波了一天的士卒们三三两两来到溪流旁，捧起溪水洗洗风尘，有的竟解衣卸甲，下水濯洗。

"此处已近边塞，不可解衣卸甲！边塞风紧，霜寒露重，小心着凉了！"卫青喝命道，又俯下身去，捧起溪水胡乱抹了一把脸，然后走上前拾起一名士卒丢在地上的鳞甲。

那名士卒红着脸跑过来，赶紧双手接过鳞甲。卫青拍拍他的肩膀，正色道："出门在外不比在家中，还是将就些吧。”

夜色慢慢沉了下来，就着篝火胡乱吃了几口干粮，卫青便站起身来，准备回自己的营帐去。一只脚刚踏进营帐，就听身后士卒们一阵惊呼。卫青急忙回头看去，只见远处夜幕下，火光闪了几闪，倏地照亮了半边夜空。

匈奴人又来进犯了！这是勾注塞烽燧里的烽火！烽火即军令，刻不容缓！卫青蓦地收回已踏入营帐的那只脚，猛然抽出长剑，大声喝道：“传令兵，传我军令，全军立即上马！连夜起程！直奔勾注塞！”

军令如山！本已歇息下来的将士们又迅速行动了起来。帐篷卷起，篝火熄灭，众人又都全副武装上了战马。行军的火把点起，3万骑军又重整精神向北迅速行进。

“相国！天亮我们就要打道回去了。这次我们战果丰厚，大王还不知会如何封赏呢？”

“哼！老子才不稀罕他的封赏呢。老子想要什么就直接打进关内找那些汉人去要，大单于把老子派在白羊王手下真是委屈死了。”原来匈奴部落除了左、右贤王和左、右谷蠡王等单于的嫡系之外，还有白羊王、楼烦王、浑斜王、休屠王等若干藩王，各据一方，皆附属单于，这群进犯雁门的匈奴军骑正是来自盘踞在黄河河套附近的白羊王和楼烦王所部，篝火旁那个被称作“相国”的正是白羊王的相国，这群匈奴人的首领。

“马蹄声？好像有马蹄声？”有警觉的士卒听到了声响。那士卒挑起灯火探出帐篷一看，顿时吓得魂飞魄散，只见前方黑暗中一束束星星点点的火光像一条长龙似的朝这边飞速滚动而来。“不好了！汉军！汉军打过来了！”

“呜！”低沉的号角撕破了寂静的夜空，火把窜动，战马嘶鸣，刀光剑影。冲天的火光中，一匹长鬃烈马一马当先，杀在最前面，马上之人手舞三尺长剑，目光清冷，英锐逼人。来者不是别人，正是大汉车骑将军卫青。

帐外的杀声已渐渐平息下来，冲天的火光也慢慢熄灭，天边泛起了鱼肚白。卫青骑着马巡视着一片狼藉的战场，嘴角微微露出笑意。今夜的战果他非常满意，不仅一举全歼这伙来犯之敌，还捕获了包括白羊王相国在内的一批俘虏，这对将来收复河南必定大有益处。

“兵贵神速！匈奴人本就游踪不定，对付他们就要快如闪电，方可一拳击中要害。”卫青说道。卫青清点了几百随身精骑，迅速穿戴上匈奴俘虏的裘皮和尖帽，一路向黄河奔去。此番出征前，卫青就憋着劲儿要去看看黄河，走一走当年秦将蒙恬出塞收复河南之路。

此时天色尚早，一望无际的大草原上还没有什么人迹。几百精骑一路纵马狂奔，不多时，前面已听到滔滔黄河水了，对岸就是匈奴白羊王和楼烦王盘踞的河套草原。遥望河套，卫青不由得一阵心潮翻滚，早年听逃难阿婶说起河南，他就一直想亲眼见见。此刻隔着黄河，朔风卷着清凉的水汽扑面而来，对岸的肥沃草原一览无余，苍穹碧野，帆篷点点，嘹亮的牧歌隐隐传来，那里确实是一片沃土。早在秦时蒙恬将军就已收复了这块上地，但匈奴人又在楚汉相争之际趁乱夺回，如今河南已成了悬在长安头顶上的一把利刃，匈奴人以此作为进犯中原的跳板，随时都能打过黄河，骚扰大汉边郡，甚至直接威胁到长安。“以战止战，虽战可也。”卫青脑海中又回响起《司马法》中的那句话，对付这些野蛮不知礼仪、专以盗抢为务的匈奴人，就是要以战止战，挥正义之师来遏制住他们南下的铁蹄。

河套平原

千里迂回取云中收复河南

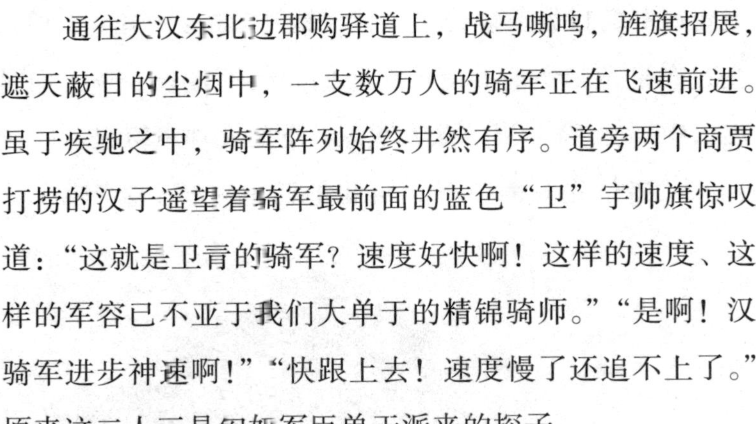

通往大汉东北边郡购驿道上，战马嘶鸣，旌旗招展，遮天蔽日的尘烟中，一支数万人的骑军正在飞速前进。虽于疾驰之中，骑军阵列始终井然有序。道旁两个商贾打捞的汉子遥望着骑军最前面的蓝色“卫”宇帅旗惊叹道：“这就是卫青的骑军？速度好快啊！这样的速度、这样的军容已不亚于我们大单于的精锐骑师。”“是啊！汉骑军进步神速啊！”“快跟上去！速度慢了还追不上了。”原来这二人正是匈奴军臣单于派来的探子。

驿道上的骑军仍在继续行进。先行探马过来通禀：“启禀车骑将军！前面已到太原郡了。我们是进郡城歇息，还是绕道而过？”

卫青一勒马缰绳站住了，凝神望了望前方，喝道：“传令，放慢速度，今晚我们在太原郡城歇息。”

朝廷大军驻扎在郡城之外，此事已在太原郡城内传得沸沸扬扬。郡城闹市的一间小酒肆内，两名匈奴探子正在对坐而饮。“这是怎么回事？卫青为何不走了？”

“听说是在此候诏，汉廷将有新的调令！这里面不知有什么名堂？”“管他什么名堂，大单于要咱们盯住卫青，咱们紧盯着他便是了。”

卫青大军在太原郡城外安下了营寨。长途跋涉，将士们都有些乏了，支起了帐篷，点燃了篝火，众人便歇下了。却说卫青的军帐内，校尉以上的军史都已齐聚。卫青锐利的目光环视着众人，缓缓开口道：“诸军！现在我宣布皇帝临行前的密诏！我们此行不是去上谷。而是出云中。”此言一出，众人皆惊，下面交耳声纷起。

“诸位先安静一下，听我把话说完！”卫青喝了一

太原郡城

声，帐内又是鸦雀无声，众人都把目光投向卫青。“大军将于今夜子时出发，直奔云中。切记，动静要越小越好！事关此次行动能否顺利成功，倘若有一个环节出了问题，都可能会给我们带来很多麻烦，大家一定要小心行事。出发前这里所有帐篷、大旗都不许带走，一切原样留着，一路行军不响军号，不打旗帜。”

军令一下，人马又迅速集结起来，丢下满地的帐篷和旗帜原样留在那里，大军披星戴月地上了路，直奔云中方向而去。卫青大军趁着夜深人静，悄悄离开太原，一路风餐露宿，日夜兼程，直奔云中。云中郡位于黄河上游，毗邻河南。黄河九曲，唯富一套，因为黄河在此处流了半个回环，故称河套，而河套内的黄河南岸就是水草肥美的兵家必争之地河南了，此时正由匈奴的两位藩王白羊王和楼烦王所部占据着。

卫青披着蓝色战袍，一身玄甲，郑重而道，“我们此行的最终目标是要歼灭白羊王和楼烦王所部，一举夺下河南！这是皇帝交与我们的重任。我大军主力将沿黄河北岸一路向东行进，至高阙将右贤王郎隔断，再大迂回向南插进，在灵州渡过黄河浮桥到河南，从背后将白羊王和楼烦王围而歼之。”

卫青接着道：“诸位是不是觉得此举太过冒险了？我要告诉诸位，最危险的地方往往也是最安全的。大军沿着黄河行大迂回，从匈奴人的眼皮底下走过，此路前人没走过，所以匈奴人也不会相信我们会去走，这就是兵法所言的出其不意。目前已探知河南白羊王和楼烦王部约有数万人，人马虽多，但精兵却不多，匈奴主力此时俱在东线，正是我大汉进攻河南的最佳时机。皇帝将此重任交与我们，正是我等建功立业的好机会。这一计划已运筹帷幄多时，卫青有信心一举拿下河南，还望诸位能同心协力，共建奇功！"

夜半子时，一支3万人的骑军静悄悄集结起来，披星戴月地出了关塞。没有火把灯光照明，只有星光月影相随，四周悄无声息，唯有"嘚嘚"的马蹄声回荡在静谧的空谷。

按照匈奴人的风俗，月盈则攻战，月亏则退兵，那么今晚一轮皓月当空，正是进攻的良时了。大军沿着陡峭的山路摸黑继续急行。前方就要出山谷了，远处滔滔黄河水声也已隐隐听到。卫青遂命就地宿营暂歇，待天亮再沿着黄河前进。

当春日的暖阳再次照耀在广袤的河套平原时，大队骑军正沿着黄河飞速行进。奔驰在最前列的枣红色骏马忽然放慢了速度，马上之人正是大汉车骑将军卫青。只见他一手举着羊皮水囊，一手抓着一把干糗，胡乱啃了几口，又继续纵马前行。

“车骑将军！前方已经快到高阙了。”随军向导过来通禀道，“高阙以北就是右贤王的大营，那里通常有巡逻军骑。”

大军仍在飞速行进。前方的匈奴军骑正是右贤王部的巡逻侦骑，他们正疑惑地遥望前方的大军。巡逻侦骑又使劲大呼小叫地挥舞着旗子，但前面的骑军却越行越快，转眼就到了跟前。“不好了！他们是汉人！”匈奴侦骑终于看清了，惊恐之下赶紧四散逃窜，但已经来不及了，汉骑军已如排山倒海般杀了过来。

卫青打马来到军阵前说：“弟兄们！我们已经过了高阙，前面就要沿着黄河一路向南行进。我们刚刚杀了右贤王部的巡逻侦骑，已经打草惊了蛇，趁着右贤王部大队人马赶来之前，我们必须尽快离开此地！弟兄们，振奋起精神来，准备与匈奴人赛跑争取时间，胜利一定会属于我大汉！”

一声令下，只见马蹄飞扬，卷起漫天尘烟，数万汉家骑军伴着滔滔黄河水声，在辽阔的河套平原上一路向南飞速插进。

此时匈奴单于庭内，大单于正焦虑地在大帐内踱着步。先前得到探马来报，说是卫青大军根本没有去上谷、渔阳，而是在太原郡突然消失，不知去向了。大单于这一惊非同小可，他又接连派出大批探马前去打探卫青大军行踪。自从龙城遭劫之后，卫青的名字便成了他心中挥之不去的阴影，总有一种隐隐的感觉，这个卫青莫非就是上天遣来的匈奴克星？

“报，大单于！”一名亲兵进来禀告，“探马传来消息，说是卫青大军昨日已到云中。”

大单于大惊：“卫青为何突然来到云中？莫非他要攻打我单于庭吗？眼下各部主力俱在东边的上谷、渔阳，抽调过来已经来不及了。不过我单于庭仍有数万精锐骑师，也能暂时应付得了卫青。”念及此，大单于冷笑一声，喝道：“传令下去！严密监视云中方向的动静！单于庭各部衣不卸甲，随时待命！”

却说卫青率领大汉骑军闯过高阙关寨，沿着黄河继续向南疾驰。朔风飕飕地在耳边呼啸，奔腾的黄河水在身边歌唱，虽是春寒料峭，但一路纵马狂奔，将士们早已汗湿亵衣。

“弟兄们！我们已到灵州界内。黄河浮桥就在前面了。过了河，我们就成功地绕到了白羊王和楼烦王部的背后，胜利在望了！”精心布下这盘棋，一切尽在掌握之中，卫青眺望着前方隐隐可见的黄河浮桥不觉兴奋起来，喝命道：“传我军令，大军到了浮桥马不停蹄，直接渡河！”

大军渡过了黄河浮桥，前面就是水草肥美的河南了，向北眺望，苍穹碧野，草原上的点点帐篷一览无余。按事先计划，大军过河之后将展开包抄，将白羊王和楼烦王所部围而歼之。

卫青目光一闪，正欲下达命令点燃进攻的篝火，突然又停下来，警觉地暖起了耳朵。

“车骑将军：浮桥那边出现大批匈奴骑兵！”身后有人惊叫了起来。

卫青间转头来，果然黄河对岸一片烟尘扬起，只见各色旌旗飞舞，刀斧寒光闪闪，大队全副武装的匈奴骑兵正朝黄河奔来。观其阵势约有万余骑，可能是附近一些游散部落的骑兵，不知他们所为何来，是想追过岸来吗？显然他们已经看见对岸的大军。不过，远隔一条黄河，彼此看不清面目，他们也未必察觉出是汉军到此。

匈奴骑兵

想到这儿，卫青遂镇定心神，喝命道：“大家先不要惊慌！冲他们播摇白羊王的大旗，再喊几句，告诉他们我们是白羊王的人!”

一阵摇旗呐喊，对岸人马果然停住了脚步，没有过桥，但也没有撤退，却在黄河浮桥边坐地歇了下来。卫青又皱紧了眉头，看样子这些匈奴人马一时半会儿走不了，有他们在此隔岸观望，自己精心布置的这盘棋就起了变数。若按原计划发动进攻，此时烽火一起，必定先惊动对岸之人，那样不仅会提前打草惊蛇，令河南守敌有所防备，也会令自己陷入腹背受敌的境地，即便能强拿下河南，也势必会伤亡惨重。该怎么摆脱他们呢？卫青脑海中在迅速盘旋着。

“传我将令，继续南进是为了甩掉尾巴，不把这讨厌的尾巴甩掉，我们的计划就有麻烦。”卫青正色道，“传令全军！稍事休整，继续南进！这里留下探马，随时报信！”

一声令下，大军又迅速整装待发，继续沿着黄河南进。也不知行了多久，前方已遥遥望见陇西郡。此番沿着黄河大迂回，驰骋2000余里，一路上披星戴月，长途跋涉，大军早就人困马乏了。环视周围，此处倒是一个清幽所在，依山傍水，卫青遂翻身下了马，命道：“大军暂在此安营手扎寨，弟兄们好好歇息一下，随时　候命！”

眼见一顶顶帐篷支起，卫青才松了一口气，舒展了一下身子，走入自己的帐篷。虽是一身疲倦，却全无睡意，只歪着头闭目养神，心中仍在焦虑地等待着探马的消息。

“启禀车骑将军！灵州黄河浮桥处已见烽火信号。”卫青刚刚要入梦乡，一声通禀就让他一个激灵睁开了眼睛。“什么？你再说一遍！”

“灵州黄河浮桥处已见烽火信号，那里的匈奴骑兵已经撤走了。还有苏建将军和张次公将军都已传来信号，一切准备就绪！”

“太好了！”卫青兴奋地站了起来，“河南白羊王和楼烦王所部有什么动静吗?”

“至今还没有，他们一直没有发现我们的行踪。”

“很好!”卫青眼睛一亮，命道：“先给苏建将军和张次公将军发第一个信号，大军即刻出发!”

训练有素的大汉骑军迅速结集起来。卫青骑马肃立于军阵前，灼灼的目光环视着将士们。“弟兄们！我们一路绕黄河，行大迂回，弟兄们辛苦了！但我们的任务还没有完成，我们还不能歇下来。告诉诸位一个好消息，河南守敌至今都没有发现我们的行踪，也就是说，我们已悄悄布好了天罗地网，现在就要去捕捉我们的猎物了。皇帝在等着我们的捷报！大汉的父老乡亲更盼着我们早日拿下河南，使我长安永绝烽火之虞！大汉的勇士们，好男儿建功立业的机会到了！一鼓作气杀回去，将匈奴人赶出河南！把我大汉的旗帜插到河套草原上去！大汉必胜！天必佑我大汉!”

辽阔无际的河南草原，帆篷点点，遍地牛羊，嘹亮的牧歌不时回荡着，悠闲自在的男女老幼谁也没有意识到草原尽头的马蹄声已越来越近。只见铺天盖地的汉军军骑像一阵狂飙似的袭来，迎风飞舞的各色旗帜中，一面旗上深蓝色的“卫”字分外鲜明。大汉的旗帜高高飘扬在河套草原上空，卫青的嘴角露出了得意的微笑。连日来紧绷的神经终于松懈下来，他顿觉有些疲惫，回身又望了望缴获的大批牛羊，心中暗喜，此次战果丰厚矣。

河南，这个自古以来的兵家必争之地、水草肥美的草原牧场，在被匈奴冒顿单于夺回80载后，又被大汉骑军夺回了。此番汉军远征策划周详严谨，声东击西，出其不意，在匈奴人眼皮底下行大迂回，沿黄河行进两个余里，以最小的代价顺利拿下河南这一战略要地，从而赢得了北部边防的主动权，这是一个划时代的胜利。

奇袭朔方受封大将军印

卫青亲率3万骑军出了长安，日夜兼程，以最快的速度赶到朔方郡。再次踏上这片河套草原，卫青不禁感慨万分。今日的朔方已与往昔大不相同，一望无际的大草原上已垦起了片片良田，筑起了房屋瓦舍，十余万内地汉民已迁居于此，秦时旧塞也已加固，隔着黄河远拒对岸蠢蠢欲动的匈奴人。汉武帝花费巨额国库银两建起了这道北部屏障，确实具有重要的战略意义。不过，丢了河南的匈奴人却心有不甘，近来右贤王屡屡渡河骚扰朔方，妄想夺回失地。一旦这道屏障被突破，长安依旧难逃烽火。看来不斩断伊稚斜这条右臂，长安就永远不能高枕无忧。想到此，卫青不由得又按了按腰间的宝剑。“传我军令，大军马不停蹄，直接渡河，停宿在高阙塞下候命!”

汉军大队人马出了朔方关塞，渡过黄河，兵分两路向北挺进。伊稚斜闻讯立即传令，单于庭各部衣不卸甲，紧急备战，并快马急驰右贤王庭，通知右贤王做好迎战准备。右贤王率本部精骑连连渡河攻入朔方，战果辉煌，骄心日起。前些日子，得胜归来的右贤王与伊稚斜谋划，欲与单于庭精锐骑师联手攻入朔方，再一举长驱直入，向长安进发。不过，计划刚刚定下，便传来了汉皇大出兵的消息。

落日的余晖褪尽，夜幕慢慢降临，又是一个月朗星稀的夜晚。黄河岸边高阙塞营地上，仍是一片静悄悄的。卫青走进前锋部营地，目光一闪，上前拍了拍那匹头马，口中喃喃念道：“青龙青龙，带我大汉铁骑飞越阴山，荡平右贤王庭！”那匹青龙马仿佛心领神会似的，突然引颈长啸一声，其他的马也跟着嘶鸣起来，清亮的马啸划破了边

朔方郡古城遗址

塞寂静的夜空。

阴山以南的草原上，水网密集，杂草丛生。大军刚涉过水网，又入了一片丛林，狭长的林荫小道阴冷幽深，荆棘密布。骑军都穿着铠甲，身上不怕荆棘，但裸露在外的脸却不时被荆棘扎得生疼。“小心了！传令各部曲！让弟兄们护住眼睛！不要让荆棘扎到眼睛！”卫青回身提醒道。命令一声声下达，将士们披星戴月，一路披荆斩棘，飞速疾驰。不多时，大军出了丛林，前面露出一片旷野，卫青方才舒了一口气。

纵马狂奔，朔风在耳边呼啸着。坐在马背上，卫青忽又想起了那日小外甥霍去病的一句戏言。前人兵法言道，越高山，入丛林，涉水网，这些都是陷骑兵于死地的兵家大忌。他不觉笑了起来，果真死守兵法此忌，这仗确实不用打了。熟读兵书的他不但要破此忌，还要夜临险境，他卫青就是要走一条前人没

汉武帝赏给卫青的权杖

有走过的路，出奇方可制胜。眺望远方，阴山已隐隐纳入视线，夜幕下的阴山，阴森静谧，神秘其测。有汉以来，汉军从未涉足过阴山，今夜他卫青又要做一次先锋了，他要率领大汉铁骑夜度阴山，端掉戈壁沙漠上的右贤王大营。想到此，卫青不由得一阵热血上涌。

绵延2000多里的阴山山脉东西横亘，南边的草原与北面的大漠以此为分界。过了阴山，前面就是茫茫的戈壁荒漠了。

3万大汉铁骑出了大峡谷，一鼓作气直奔目的地，以迅雷不及掩耳之势包围了右贤王庭。低沉的牛号角打破了大漠深处的宁静，阴山以北的这片荒漠上，一时间火龙游动，战马嘶鸣。冲天的火光中，卫青左手持剑，右手拿刀，一马当先。

旌旗猎猎，马蹄声疾，大队汉军车马正行驶在回朔方的归途中。与去时的紧张凝重的气氛不同，大胜而还的众将士脸上都洋溢着轻松得意之色，一路上说说笑笑，又加上有许多俘虏和牲畜羁绊，行军速度自然慢了许多。红日不知何时从云层中挤出头来，和煦的阳光静静地洒落在广袤的大草原上，去时夜幕笼罩着不清，归来时草原春色正好一览无余。

也不知行了多久，朔方城已进入了视线。卫青策马走在最前列，过了黄河浮桥，前面就是朔方关塞，早有信使前去通报，此刻关塞大门大开，城中守军皆列队相迎。忽然几匹工驿马驶了过来，卫青抬头一看，马上之人竟然是未央宫中的侍郎。卫青一惊，难道天子的信使这么快就到了？急忙翻身下马，还未来得及上前施礼，未央宫特使就已展开卷册宜道："长平侯卫青接诏！"卫青连忙跪接诏书。

"大汉天子诏命：长平侯卫青才干绝人，运筹帷幄，躬率将士出师大捷，大破右贤王庭，重挫匈奴，振大汉神威，实为我朝前所未有之奇功。特晋封卫青为大将军，

卫青画像

受金印紫绶，诸军将领皆由其统辖，钦此！”

卫青不禁怔住了，万没想到皇帝竟会派特使千里到边塞给他送大将军印，一时竟忘记了叩首谢恩，此时四周诸将俱已闻讯拜倒。

“末将参见大将军！”“末将愿追随大将军左右！”

“大将军还不赶紧来接金印！”长安特使手捧金印紫绶冲卫青笑道。

卫青这才回过神，连忙叩首谢恩，然后上前双手捧过金印紫绶。金印在手，只觉得沉甸甸的，一时间百感交集。想当年高祖皇帝拜韩信为大将军时，曾沐浴斋戒，设坛作礼，极其隆重。而当今天子今日拜他为大将军，竟派特使将金印紫绶千里送至边关，这也是特殊的礼遇了。在朔方边塞受大将军印，成为汉军的最高统帅，这既是他莫大的荣耀，也意味着从此要担负更重的责任。

“大将军威武！”不知是谁先喊了一声，众人都跟着应和起来。“大将军威武！大将军威武！……”口号声一浪高过一浪，回荡在空静的塞外边陲。

“天佑大汉！大汉威武！……”众人也跟着呼喊起来。

大汉威武，这是他的梦想，也是汉武帝刘彻的梦想。为了这个梦想，他可以付出一切，因为这是他卫青的使命，他用自己的一腔热血托起一个威武的大汉王朝。

韬略胆识出英才

时值汉武帝元朔四年（公元前125年）春，霍去病年满16岁。两年的骑奴生涯炼成其熊虎之躯，十几年的疾风苦雨，亦铸就其刚强个性。

汉武帝元朔二年（公元前127年），车骑将军卫青指挥了汉朝历史上第一次大规模北伐，大败楼烦王、白羊王，一举收复河南，被钦封长平侯。汉武帝元朔四年（公元前125年），恰逢御营招录新兵，卫皇后请求武帝将霍去病召入御营。霍去病一路疾行，这日来到长安，从盎城门入城。

霍去病首次拾级而上，那展翅欲飞的铜雀、昂首长空的铁狮、金碧津辉煌的大殿、雕龙画凤的玉阶，使之惊叹不已。当下卫青舅甥来到宫门，随着宦官的报进声，继而回音壁一般，传下武帝召见的命令。卫青浑身一震，他整好衣冠，交出佩剑，带着去病入觐。

武帝径问去病道："卿在广明力挫群英，想必勇力过人。"去病不知其意，含糊答道："小子在平日学过些许拙技。"武帝眉峰一动，他示意宦者令奉上宝剑，对霍去病道："朕自幼喜击熊豕，颇好武艺。卿来上一段剑法，以遂朕愿。"去病哪敢于禁苑动剑？正欲推辞，却见卫青向他颔首，便拱手承旨，练出一套"青阳剑"。

武帝看罢大为赞叹，暗道："霍去病武功高超，做御营侍中自绰绰有余，却不知为识若何？"他待去病坐定，故意道："卿之剑艺甚好，然徒有勇力者无非赳赳武夫，有技无志亦无甚作为。正如流星，虽得光闪环宇，终究粪土尘世。"去病笑道："小子不是流星。虽愚钝，却有参天拱日之志。"

武帝正色道："朕闻'乌云蔽日，清风扫之'，'天狗偷日，星官阻之'，卿称拱日之志者，当能为朕排忧解难。"霍去病道："陛下乃人世之日，乌云、天狗无非匈奴豕辈，小人拱日之志，便是平灭匈奴之志！"武帝心中一动，问道："卿欲平灭匈奴？且说与朕听。"

霍去病胸有成竹，当即说道："此时匈奴，伊稚斜单于以龙庭居中，右贤王及浑邪王、休屠王以河西居右，太子左贤王以漠北居左，这五人乃匈奴支柱，倘断其一，大厦必倾！"武帝微微点头，问道："柱有粗细长短之分，依卿之见，应先断哪个？"

未央宫复原图

霍去病道："元朔三年伊稚斜谋宫，右贤王因争位而得罪单于。小人听卫车骑说右王已被逼离开祁连山，在武阳要塞以北的漠南设立新王庭，此乃天赐我大汉之良机！"武帝问道："何以见得？"去病道："右贤王乃匈奴王者至尊，其拥兵之多，占地之广，除伊稚斜和漠北狼居胥山的太子左贤王，当无人可敌。若其离开祁连山，在无险可据的平原上驻扎，岂不是天赐我朝之进攻良机。"

武帝闻言心中一动，他转问卫青："右贤王庭集兵几许？"卫青奏道："右贤王拥兵15万，留在河西祁连山3万，新王庭约集兵12万余。"武帝思忖半晌，让霍去病接着说。

去病道："小人方才尝言，匈奴依靠这5根支柱，打断右贤王一柱，若折匈奴一手骨。"他看了一眼卫青："卫车骑两年前的河南大捷，力败楼烦王、白羊王，已算断其一手。匈奴两手俱伤，便无成拳攻汉之势。"他顿了顿，又道："倘打人握不成拳，其力自弱，挨打者受伤亦轻，我中原百年来所受欺凌必然减小。"

武帝闻言不甚满意，打趣道："朕之大汉乃上邦大国，可不是挨揍的破鼓。"去病笑道："陛下放心。趁匈奴无力进犯，我军连续出塞攻击，将其伤心折断，便无困扰之忧。小人以为，我朝应以精锐奇袭河西，倘击溃右贤王及浑邪王、休屠王所部，占据祁连山、燕支山，则若批断匈奴之双足。"

武帝微微点头，凝神细听。去病两臂岔开，道："匈奴足又受损，两手残疾，犹若废人。到那时，陛下倘以大军北伐，直捣其胸口——狼居胥山及漠北腹地，则匈奴必应击而倒！"

武帝听罢不禁开怀大笑。霍去病之语哪里是什么幼稚闲言，分明是一个攻打匈奴的宏观战略！此番言语非但常人，便是朝中的文武大员也说不出一二。这使汉武帝大为振奋，不仅对霍去病疑虑全消，而且，他似乎看到了一个更年轻、更有为的卫青！

武帝缓步走到去病面前，抚其肩头道："卿才华出众，可曾读过《孙吴兵法》?"去病摇头道："小人不曾读过。"武帝略感失望，道："《孙吴兵法》乃治军大计，卿若读之，前途无量。"霍去病不以为然，道："小人以为古之兵法今已不适，为将者应随机应变。"武帝一怔："怎见得古法今已不适?"去病道："古时天下百家纷争，如今汉匈两强鼎立，其质早已不同。此若今有驴骡而昔无，倘依古法，硬套伯乐之《相马经》，却如何不悖?"武帝深觉有理，愈发佩服去病才识。他当即赐金甲一套，封霍去病为御营侍中。

3日后，霍去病身披金甲，在轻车将军李蔡引导下，赴御营上任。这日晴空万里，阳光融融，赋予人得意情怀。此时御营新军已排列就绪，两位骑郎周德、贺晟上

《孙吴兵法》书影

前迎接。霍去病纵目望去，1500名侍卫分10行站立，各个盔甲鲜明，精神饱满。更兼太学生承师训多年，仪态端正，军容整肃，霍去病暗自称赞。御营太学生在霍去病调教下，不再是儒生模样。一年之后，御营风气大为改观。

时至汉武帝元朔五年（公元前124年）春，边关急报送抵未央宫："匈奴右贤王派左大将须卜龙让攻占武阳要塞。"武帝闻报大怒，当即集军重臣召开廷议。卫青、公孙贺、李息、李蔡、赵信、赵威等武将及公孙弘、东方朔、张汤等文臣俱在，战与和的想法更是大相径庭。

武帝犹豫不决，转问卫青，卫青道："公孙将军以为我朝应起兵收复武阳，赵侯以为我朝不应为了境外荒山而大动干戈，依臣之见皆为不妥。"武帝问道："卿以为又当如何？"卫青道："一年前御营新任侍中霍去病曾与陛下论及右贤王一事，臣从中颇受启发。依臣之见，我朝不仅应收复武阳要塞，更应一鼓作气，一举歼灭右贤王所部！"

卫青的想法与战、和两派均有不同，众臣登时议论纷纷。翕侯赵信问道"右贤王乃匈奴王者至尊，除却伊稚斜单于，怕无人能抵。如今以须卜龙让攻占武阳荒山，自然是准备就绪。我朝仓促出兵，以无备之师攻打有备之敌，安能得胜？倘遇伊稚斜单于、漠北左贤王及河西浑邪王、休屠王三路夹攻，怕是不堪设想吧。”卫青反驳道：“伊稚斜两年前谋宫，右贤王因争位而屡屡受制。如今被迫离开祁连山设立王庭，已失天时、地利、人和，其实力远不及漠北的太子左贤王与河西的浑、休二王，何谈‘无人能抵’？而其新设王庭，兵马劳顿，人心不服，又何谈‘有备之敌’？”卫青对武帝说道：“一举歼灭右贤王所部，可大伤匈奴元气，更为日后平灭匈奴打下基础。臣以为此乃千载难逢之良机，陛下万不可失！”

汉武帝刘彻

武帝微微点头，问道："卿以为斯役若何？"卫青道："臣以为不亚于元朔二年的河南之战！"武帝以掌击案，当即传谕，以车骑将军卫青为主将，率李息、苏建、李沮、公孙贺、李蔡、张次公等6人，以马步军12万出征。

当夜卫青回府，霍去病闻讯赶来。卫青问道："去病行色匆匆，却为何事？"去病道："旌旗北向，小甥亦想从军建功！"卫青一怔："皇上可准？"去病道："小甥方才去见驾，皇上不允。"卫青笑道："却是混话！皇上不允，我如何敢准你从军。"去病道："皇上答应下次出征准我从军，只怕舅父不允。"霍去病问道："舅父出征，欲以何策破敌？"卫青见左右无人，便述道："以12万人马收复武阳，继而出塞直取右贤王王庭。"去病道："如此兴师动众，纵使收复武阳，亦泄了军机。我军若在其王庭久攻不下，倘若翕侯赵信所言成真，舅父受右贤王、伊稚斜、左贤王及浑休二王等4路夹攻，怕前景不妙。"卫青微笑点头，向去病求计。

霍去病道："依小甥之见，舅父可以大军在武阳与须卜龙让周旋，另以奇师出高阙经匈奴白岭关直抵右贤王庭，趁彼不备一举灭之！"又道："击溃右贤王所部，武阳要塞自然是唾手可得。"卫青思忖片刻，问道："兵出高阙经白岭关至右贤王庭，这路线恰在伊稚斜与太子左贤王辖区之间，倘遭追剿，岂不危矣？"去病道："出其不意乃兵者至尊。兵者鬼道也，亦险道也。伊稚斜与右贤王均以为我军断不敢走险，这恰是舅父求胜之所在！”

卫青像

卫青斟酌半晌，对去病道：“你且回御营，我自有主张。”霍去病心领神会，当即告辞。

次日一早，卫青命李息、张次公二人以10万人马出右北平直奔武阳要塞，自己以苏建为先锋，率公孙贺、李沮、李蔡等将以2万铁骑出高阙直扑匈奴要地白岭。

骠姚校尉横扫匈奴

漠南大捷之后，如霍去病所言，匈奴元气大伤，再也无力犯境，边关一时平安无事。时至汉武帝元朔五年（公元前123年）二月，这日陇西关报送入未央宫：“匈奴河西浑邪王、休屠王派伊即靬、复陆支、乌里铎等大将在稽沮、乌戾、狐奴扎下大寨，对边关威胁甚大。”武帝看罢不禁凝神长思。正巧御营待中霍去病在殿外巡视，武帝将其唤入，以关报示之。

霍去病道：“去年卫大将军漠南大捷，已使胡人闻风丧胆。河西浑休二王有所准备，当在情理之中。”武帝问道：“朕可否挟漠南大捷之余威，一举扫平河西。”去病道：“河西乃匈奴咽喉，我朝必取之。然此地奇险，若准备不足，怕难以求胜。”武帝问道：“依卿之见，又当如何？”去病道：“右贤王已衰，匈奴上下皆以为我朝欲攻打河西。臣以为正可用其错觉，出塞直攻伊稚斜！”

汉朝骑兵

武帝闻言一惊，从古到今，哪有一个中原君主敢直接出塞攻打匈奴主？他思忖片刻，不禁大笑道："去病想法旷古未闻，朕向来愿做旷古未闻之事，也好给后世留点先训。"他忽然想起一事，问道："卫大将军曾私下告朕，言其出兵白岭乃是去病的计策，可有此事？"霍去病道："些许拙计，不足挂齿。还是卫大将军指挥得当，方有漠南大捷。"武帝道："去病莫谦，朕当重　赏你！"

霍去病忙摆手道："臣寸功皆无，安敢受封？陛下真欲封臣，便让臣在出征大军中作一校尉吧。"武帝道："去病还想去前敌征杀？"去病道："去年臣欲随大将军出征，陛下许诺下次再说。如今又临出兵，还望皇上成全！"武帝见其意已决，便答应下来。

次日一早，武帝集满朝重臣召开会议，拟定以大将军长平侯卫青为主帅，率李息、公孙敖、公孙贺、李沮、李蔡、苏建等6员大将，起兵10万，从定襄出塞。另由大将军卫青下令，免去霍去病营侍中之职，改授“骠姚”校尉，命其在御营挑选800铁骑随军出征。当下霍去病在营中选得800精锐，以周锐、周德、李复、贺晟为副手，赴大将军帐前听用。卫青辞别武帝，以苏建为先锋，率大军浩浩荡荡向北进发。

再说卫青出塞不远，探马来报：“伊稚斜派国宗籍若侯为主帅，已在古晨扎下3座大寨。”卫青催军前行，与胡寨相对，令公孙敖居左、公孙贺居右，自己居中扎下3座大营。

次日，籍若侯率先出兵挑战。两军对垒，籍若侯派儿子罗姑比叫阵。卫青尚未派将，骠姚校尉霍去病帐下李复已跃马而出。二人大战50回合，李复一枪将罗姑比头盔刺穿。雕渠明眼见危急，忙纵马出阵。霍去病帐下周德一见，催马提斧抵住。二将比拼，厮杀甚烈。二将似走马灯般，直斗到80回合。籍若侯见雕渠明枪法趋缓，暗道不妙，急令岱宸、乌里荣等大将助阵。卫青便命苏建、李息齐上，双方混战，直到日薄西山，方罢兵回营。

次日一早，籍若侯正欲点兵出战，左大将堂邑锋谏道：“卫青有备而来，其将奇袭我军精锐。如此苦斗，必于我不利。”籍若侯问道：“依左大将之见，孤当如何？”

堂邑锋道："单于已命左贤王出动，待成犄角之势，可逼卫青不战而退。"籍若侯摇头道："闭门不战，岂是大丈夫所为？"堂邑锋道："昨日混战，我军损失超过汉人三成，国宗还是小心为上。"籍若侯不以为然，令堂邑锋守寨，亲率罗姑比等半出战。一日下来，胡兵折损逾千。连战三日，堂邑锋忧心忡忡。而籍若侯因粮草不济，更是焦躁不已。

当夜酉时，骠姚校尉霍去病到大帐拜见卫青。卫青赞道："去病所部英勇无敌，周锐、周德等将堪称少年英雄。"霍去病笑道："大将军过奖了。末将此来，是向大将军请缨。"卫青心中一动，问道："去病莫不是想去劫营？"霍去病闻言一惊："大将军神算！"

卫青不由笑道："去病未经沙场，不知打仗之艰难。胡人用兵日久，怎会不防我劫营？"霍去病道："末将与胡人交战数日，已察觉其左营守将乌里荣系庸才。何况

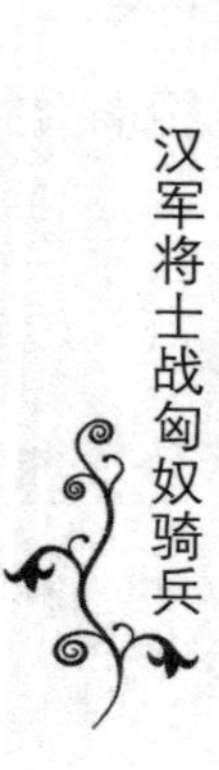

汉军将士战匈奴骑兵

末将只想小试牛刀，断无一战克彼之奢望。”

卫青问道：“云病要多少人马？”霍去病道：“只带本部800铁骑。”卫青一听，摇头道：“你却拿打仗当儿戏吗？区区800人马，如何敢冲万军把守的大营？”去病道：“兵不在多，而在运用得当。末将若以大军袭击，势力打草惊蛇，又何谈小试牛马？”卫青见其固执己见，便答应下来。

霍去病回到本营，当即召集800将士，叮嘱道：“我奉大将军之命，今夜劫彼左营。你等随身各备火把3只，到时听我号令行事！”布置就绪，周锐纵马先行，800铁骑迅即消失在夜幕中。

一日征战，早已昏昏睡下。彼营内孤灯闪亮，旌旗摇曳，只死一般静。霍去病心中暗喜，他吩咐周锐等四将：“随我冲入，你等各引一队，遇帐点之，见兵烧之！”说罢搭箭射杀哨兵，迅即冲入敌营。

周锐、周德等4人依去病军令，立刻分散行动。匈奴士卒毫无戒备，有的尚未醒来，便连同“火帐”一命归天。

乌里荣从梦中惊醒，急率中军杀出。霍去病正指挥人马烧帐，忽见乌里荣杀来，不禁暗道：“我部仅800人，倘胡兵不乱，怕是万难取胜。”他辨了一下风向，忙将周锐招来，低声吩咐一番。周锐闻言一惊，摇头道：

“如此危险，校尉莫动。还是我去！”霍去病哪待争执？早已率100名铁骑执火把奔粮道冲去。

乌里荣见汉军杀奔粮道，忙引中军追赶。他这一走，匈奴士卒群龙无首，于乱撞中被周锐、李复冲得七零八落。

再说霍去病见乌里荣追来，忙命小校策马急奔，同时将粮道两侧的车辆点燃，立时火焰飞腾，借着火势直扑粮道。汉军于火中穿行，依仗马快，迅即冲了过去。乌里荣见火势甚猛，不免犹豫，但又恐白白损失了仅存的屯粮，只得率中军强行闯入粮道。

这粮道虽长，然火借风势，转眼便成了火海。此时霍去病已冲到后营口，他下令推过几辆粮车，迅即点燃，火封道口。乌里荣见前路受阻，急欲返回，却为时甚晚。一个火浪扑来，乌里荣葬身火海。霍去病见状微然一笑，

西汉兵马俑

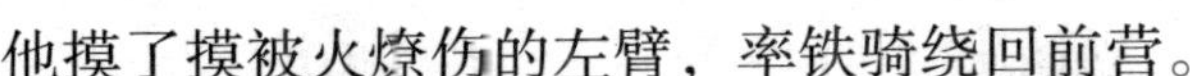

他摸了摸被火燎伤的左臂，率铁骑绕回前营。

此时，周锐等4人已杀得枪斧血刃，征袍溅红。霍去病突然看见地上有副吃剩的马骨，不禁心中一动。他上前拾起，吩咐贺晟："此地不宜久留，速传令收兵回营！"4人整肃人马，在骠姚校尉霍去病带领下，800铁骑全甲而归。

转眼又过3日，骠姚校尉霍去病来见卫青："末将部下周锐击溃彼营一小股游勇，于遗弃之物中发现不少野鼠。"卫青心中一动，道："前日去病袭营，胡人已开始杀马充饥。如今掘食鼠肉，当是粮草殆尽矣。"

霍去病道："匈奴军心涣散，大将军应一战克敌！"卫青点头应承，当即以公孙敖、李息率2万铁骑攻彼左营，公孙贺、李蔡带领人马攻彼右营。卫青亲率6万大军全副武装，待机而动。

仅过半个时辰，大将李休来报："敌左营岱宸、右营乌里豹在我军猛攻下已溃不成军！"卫青大喜，传令以骠姚校尉霍去病所部为先锋，用倾营之兵杀奔敌寨。

霍去病一眼望见黄罗伞，当即纵马杀来。他枪急马快，行进间，匈奴将校纷纷应击而倒。罗姑比眼见父亲危急，忙与雕渠明迎面拦挡。霍去病神枪飘摇，力战二将毫无惧色。

骠骑将军平定河西

汉武帝元狩二年（公元前121年）二月，汉武帝正忙得不可开交。去年天公作美，一年粮食丰收，府库盈余。更兼高税限商，所得钱数足抵大战所需，万事俱备，安能坐失良机？武帝当即于未央宫召集廷议，讨论平定河西之事。当朝重臣中，大将军卫青、丞相公孙弘、廷尉张汤、太中大夫东方朔及公孙贺、公孙敖、李息、李蔡等武将俱在，各人对平西大计皆有主见。轻车将军李蔡一马当先："如今我朝淮南内患已除，兵马粮草充足，平定河西宜早不宜迟！"大行李息道："河西山川之险、地利之怪，远非河南、漠中可比，贸然行动，恐于国不利。"合骑侯公孙敖道："依李大行之见，这河西便平不了了？"李息道："平定河西，须冒大险，损重兵，倘有不测，我朝十几年的战果便毁于一旦了。"太中大夫东方朔亦道："燕支山的浑邪王、休屠王以及帛兰山的卢侯王、折兰王等辈久踞河西，迄今已历数世，更兼10年来我朝屡胜匈奴，迫使河西藩王加紧布防，臣以为平西并非稳操胜算。”骑将军公孙贺道：“河西不仅地势险要，浑休帐下更是名将如云，铜克曾、乌里铎、复陆支、伊即軒、布里格恩再加上原匈奴左大将须卜龙襄，皇上须三思而行！”

武帝颇不以为然，问道：“依几位爱卿之见，这河西便打不得了？”他猛然从龙椅上站起，厉声喝道：“河西扼住大汉通往西域的咽喉，若不及时打通，朕便无法与大月氏等国通商，臣服西域与平灭匈奴也便成了纸上谈兵！”他见众臣瞠目，又道：“历朝历代，成大事者无一不历大险。朕为一代英主，早有承担大灾大难的胆量！”

武帝慷慨陈词，众臣颇受启发。卫青等武将齐声道：

汉武帝

"皇上圣明，臣等平西万死不辞！"丞相公孙弘道："今年府库盈余，正是动兵的大好时机。"武帝微微点头，问道："卿等以为二月如何？"卫青道："二月河西霜雪已化，热气未来，正是出兵良机！"武帝当即决定，10日后出兵河西。

日期敲定，何人统军呢？众臣毫无异议，公推大将军卫青。武帝沉吟半晌，问道："众卿以为还有何人可为平西主将？"众臣面面相觑，不解其意。武帝无可奈何，只得下令退朝。

当下汉武帝回到寝宫，猛然看见影壁上秦始皇画像，不由心中暗道："他因何能平定六国，统一天下？高帝因何能打败项羽，建立大汉？其左右哪个没有几十位贤臣良将。而我呢？只有一个大将军卫青。"他又想到匈奴，自忖道："匈奴势力虽已衰败，然而比车耆、铜克曾、须卜龙襄等辈者不在卫青之下，倘有一日卫青不在了，匈奴来犯又有何人能抵？莫非大汉也随之倾覆？"

他头脑昏沉，便推开宫窗。此时已是满天星斗，武帝仰望长空，自语道："漫天星斗，一个陨落，尚有万千闪亮。我若造出这一天星斗，大汉何忧之有？"

正在这时，宦者令来报："大将军卫青与冠军侯霍去病候见。"武帝一听去病回来，不由心中大喜，忙传令召见。

君臣一别3个月，武帝拉住去病，询问回乡情形，可见到乃父？家中境况如何？霍去病一一作答。

武帝见其精神健旺，突然问道："朕将于10日后出兵河西，卿以为如何？"霍去病朗声答道："臣谨记前言，此番随军平西，当报陛下天恩！"武帝微微颔首，问道："此番平西，卿以为多少人马为好？"

霍去病胸有成竹，拱手道："一万铁骑足矣！"武帝大感意外，他看了一眼卫青，问道："卫大将军以为多少人马为上？"卫青思忖半晌，方才答道："河西险山恶谷，浑体二王兵雄将勇，臣以为非20万人马不成！"

武帝微然一笑，对去病道："朕想起一个典故，卿愿闻否？"霍去病道："臣洗耳恭听！"武帝凝眉道："当年始皇帝连灭四国，鉴于其兵强马壮，始皇帝招老将马翦、小将李信计议。李信自言仅以20万人马足矣，王翦却说非60万人马不成。始皇帝笑其老迈胆小，便命李信以20万人马伐楚，结果大败而归。后复以王翦为将，发兵60万，方才灭楚！"

武帝说罢，笑问去病："卿以为如何？"霍去病心领神会，答道："依臣之见，李信20万人马并非必败无疑，如果运用得当，灭楚亦大有可为！"武帝本想借经告诫霍去病，见其并未在意，心中老大不高兴，问道："依卿看来，王翦倒是庸才了？"

去病道：“用兵之道断无一定之规。审时度势，因地制宜，方为将才！”武帝问道：“卿何以言称一万铁骑足矣？”霍去病道：“以地利看，河西险山恶水，只能智取，不宜强攻，一万铁骑运用灵活，人马太多反倒耽搁行动。”

霍去病顿了顿，又道：“以将士看，浑邪王、休屠王手下诸人，伊即靬志大才疏，复陆支心贪少谋，乌里铎狂悍无计，铜克曾高智鼠目，须卜龙襄谋多权少，哪一个能独当一面？故末将以为，一万铁骑不愁平西！”

武帝闻言颇受触动，不禁暗道：“此子堪为将才，朕若将平西重担与之，几经锤炼，无疑是造就一个将星，多一个臂膀。”想到这，他又愁上心来：“河西大战牵动全局，霍去病毕竟是个初出茅庐的娃娃，倘有差错，我这10年的抗匈战果便付诸东流了！”他踌躇不语，卫青、霍去病忙知趣告退。

子夜时分，武帝独坐寒宫，仍在思忖：“若用卫青统军，把握自然大些，从长远打算，于国无益。若直接以霍去病为将，风险又实在太大。”正值犹豫不决，猛听背后有人娇咳，是李夫人来了。武帝忙取过裘衣给她披上。李夫一人脸病容，问道：“天到这般时候，陛下还在为何事忧心？”武帝叹道：“不打垮匈奴，朕何以为一代英主？而河西险山恶水，群臣俱对平西忧心忡忡。朕欲不用大将军卫青，直接以霍去病为平西主将，又觉得着实冒险，这决断如何下得？”李夫人笑道：“冒险？陛下幼击熊豕，岂不冒险？当年起用卫青，岂不冒险？定河南、逐右王、擒杀籍若侯，哪个又不是冒险？”武帝闻言豁然开朗，不由大笑道：“梓童一句良言抵万金，朕此番还得冒　大险！”

刘彻顾不得歇息，急召大将军卫青、丞相公孙弘入觐。武帝道：“朕欲以冠军侯霍去病为此番平西主将，二卿以为如何？”丞相公孙弘一听，不禁大惊道：“我大汉名将如云，陛下何以用个20岁的娃娃统军？此举旷古未闻，臣恳请陛下三思？”武帝笑道：“朕向来愿做旷古未闻之事，也给后世多留点先训！”

大将军卫青谏道：“霍去病虽勇，却只经过古晨、古里、虎岩等小战阵，不曾独领大军。河西险山恶水，陛下决策平西已是冒险，再用

一小将，岂不险上加险？”武帝问道：“依卫大将军看，何人可为平西主将？”卫青道：“臣愿亲早矢石，统领平西大军。”

武帝道：“卫大将军坐镇长安，伊稚斜及左贤王不敢轻出大漠。若是大将军率队平西，胡人从漠中、漠北攻我边关，又当如何？”卫青道：“皇上即使不让臣去，也应由李蔡、公孙贺等大将平西，方才稳妥。”

武帝不以为然，道：“这些战将老成有余，勇气不足。朕以为远不及霍去病之胆识才干。”卫青道：“陛下可否以公孙贺为平西主将，霍去病佐之？”武帝连连摇头：“如此碍手碍脚，倒不如霍去病独挥万军，使尽谋略！”卫青见圣意已决，不禁叹道：“河西之战牵动全局，陛下还须审慎用将！”

武帝道：“元光六年（公元前129年）匈奴进犯，朕力排众议，以从未见过战阵的卫大将军为将，才有铁骑绕龙城之胜绩。时过8年，卫大将军已是我大汉第一上将，竟把前事忘个干净了！”他见卫青无言以答，又道：“知人善任易，独具慧眼难。朕此番以霍去病为平西主将，便如同当年之用卫大将军。纵使霍去病平西失利，朕亦在所不惜！”

卫青颇受感动，问道：“陛下龙意已决，臣不敢妄言。只是霍去病官阶甚低，怕难以服众。”武帝道：“朕自有主张。”当即吩咐丞相公孙弘：“丞相速去布置，造‘骠骑将军’印绶，朕明日未央封将！”

次日一早，汉武帝在未央下诏，于“大将军”之后设“骠骑总将军”官阶，并任命年仅20岁的霍去病为“骠骑将军”，总掌平西大军。众臣大为意外，转眼间霍去病竟从当朝武将序列的第11位跃升至第2位，仅次于大将军卫青，这也未免太破格，皇上莫非有封官 的瘾？

霍去病闻诏也觉突然，但并不惶恐。他整了整衣冠，当即出列拜受印信。武帝手举“骠骑将军”印绶，郑重道：“子曰‘士不可以不弘毅，任重而道远。’河西险山恶水，兼有贼兵十数万，卿之事可谓任重道远。朕即用卿，绝无更改之理，卿尽力而为，纵使平西失利，朕亦不怪！”霍去病接过封信，叩头道：“臣不平河西死 不还！”

武帝亲自给他戴上“骠骑”金盔，问道：“卿引万骑平西，欲荐何人为副将？”霍去病扫视当朝武将，公孙贺低头不语，公孙敖、李蔡、赵威皆有不悦之色，他不禁一笑，回道：“臣不用副将，只带本部周锐等四校尉！”武帝一怔，疑惑道：“平西重任非同小可，卿因何不用副将？”

霍去病道：“周锐等将文武兼备，可当副将之任！”武帝劝道：“卿不可掉以轻心。”霍去病道：“周锐等人随

汉军剑盾兵

臣经历古晨、古里、虎岩等数场血战，去年平定淮南，四校尉亦建功勋！”

武帝微微点头，当即吩咐霍去病：“将他4人招来，朕要见见。”片刻之后，殿口甲衣铮铮，周锐、周德、李复、贺晟疾步入殿，以军礼见驾。但见：铁骨铮铮，威风凛凛；称体战袍映虎形，紧身玉带束熊腰。浓眉正目，贺晟沉稳多才志；俊睛粉面，李复艺精更风流；阔额体膘悍，力动九州摇，威武有力显周德；明眸犀利眉，金颜藏锋嘴，一世倜傥英雄将，枪锁九府周成山；喜言四星伴月行，不畏前途多峻险！

10日后，霍去病率军出征。百姓见主将正当冠年，几个副将竟是弱冠少年，皆惊疑不已。汉武帝亲自给霍去病奉上三杯御酒，随即拿过玉鞭，在“天上雪”臀上狠抽一鞭。铁骑萧萧，一万将士纵马远去。队伍的最前列，骠骑将军冠军侯的大旗随风飘动，颇是威武。

霍去病指挥平西大军，传下命令：“两骑一组，中间拉上丝网。行军路上躺下歇息！”说罢亲率1000铁骑在前方开道，以防突遭袭击。大军跃过速濮，缓缓前行。

此时，伊即靬、伊即鞍早已回来，休屠王一怒之下，将连败两阵的伊即鞍贬往函山镇守。复陆支求见之时，浑休二王正在集将议事。他突然出现，浑邪王大吃一惊，忙问道：“伊即鞍说你去速濮投奔左大将，却如何回来了？”复陆支叩头道：“左大将于速濮大败汉军，命末将回燕支禀报战况。”须卜龙襄问道：“左大将何在？”复陆支支唔唔道：“左大将追杀霍去病，当是胜算再握。”休屠王闻言大为振奋，须卜龙襄却并不放心，他对浑邪王道：“左大将用兵迅疾，倘若无误，当早已收复狐奴河，却如何仍不见关报？”休屠王素来不喜须卜龙襄，便揶谕道：“左大将不是那邀功请赏、利欲熏心之小人！”须卜龙襄不堪讥讽，正欲反驳，探马将蛇谷败报送抵。堂堂河西主掌军旅之左大将殒命，王庭登时变得一片死灰。

霍去病休兵缓行，午时来到燕岭。汉军经半日休整，疲劳尽去，精神健旺。霍去病遥望匈奴大营，忙招过赵破奴，问道：“前方可是千骑将得部人马？”赵破奴道：“是燕支山旗号，怕是浑邪王援军。”去病又问道：“千骑将得部何在？”赵破奴道：“燕岭以西约40里。”霍去病见敌营布置得井井有条，料想主将非同小可，便看好地势，扎下营寨。约过一个时辰，贺晟将千骑将得王妃押到。霍去病看了一眼千骑将得王妃，道："娘娘到家了。"那王妃低头不语。去病又问："娘娘想回家吗？"那王妃微微点头。霍去病道："本官奉旨平西，与河西各部落无关。只要不犯我、不助敌，便皆能相安无事！"说罢请王妃写就一封平安信，送其下去歇息。晌午过后，去病招来赵破奴，吩咐道："你持此信去游说千骑将得王，务必小心为上！"说罢晓与具体策略。赵破奴全副盔甲，率十骑纵马而去。

赵破奴西行40里，来到千骑将得王庭。这王庭分南、北二城，遥相对山坡，气势宏伟，更兼靠近燕支山，又与西域联结，城内百姓众多，一派繁荣景象。赵破奴入宫拜见千骑将得王，奉上霍去病的礼物。得王年约五旬，相貌颇见和善。他捧起那细瓷酒坛，赞道："贵国工匠高明，这比敝邦的'服匿'强多了。"他又摸了摸那几匹锦缎，笑道："松软可手，雍容华贵。"他顿了顿，叹道："敝部远离贵国，却难得一睹这上邦极品。"赵破奴施礼道："此时陇西至贵部沿线均已打通，只要大王肯助汉军，不日汉朝商人便能前来通市。"得王微然一笑，道："赵将军请吃葡萄，这东西贵国可没有！"赵破奴不得要领，便岔开话题，问道："贵部因何划分南、北两城？"得王道："当年只有一座南城，因先代单于巡幸时驾崩于此，故我部另建一座新王庭，以使龙寝安泰。"

赵破奴话锋一转，问道：“贵部对单于如此恭敬，看来只能与汉军为敌了？”得王连连摇头，正色道：“浑休人马横冲直撞，屡犯单于驻兵天规。今日须卜龙襄又强进燕岭，孤安能助之？只是孤亦是匈奴河西一裨王，却不便帮汉人。”赵破奴微然一笑，问道：“贵王妃可在宫中？”得王一怔，道：“在啊！”赵破奴从袖中抽出书简，笑道：“王妃在汉营问候大王！”得王持简观看，不禁面色泛白。赵破奴道：“我家主将霍骠骑下令保护得王妃，一路虽是狼烟迷漫，王妃却征尘未染！”得王持简问道：“汉军欲将孤王妃押往何处？”赵破奴笑道：“欲送还大王。”得王微微点头，问道：“什么条件？”赵破奴拱手道：“求大王助汉军成功！”得王思忖片刻，问道：“孤如何助你？”赵破奴反问道：“燕岭守将何人，多少兵马？”得王答道：“须卜龙襄以一万铁骑驻防。”赵破奴呷了一口酒，道：“大王以犒军为名前往匈奴大营，

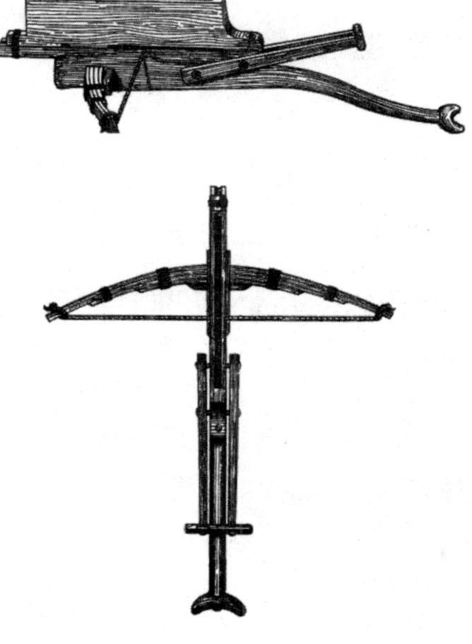

汉朝军队使用的弩

我军率先于营外埋伏，一有动静便内外夹攻之！”得王点头应承，道：“时辰晚了不好，定更如何？”赵破奴道：“大王小心，不要生出变故。”说罢拱手告辞。

赵破奴回营禀报，霍去病一听千骑将得王同意助战，不由心中大喜。但听得燕岭主将是须卜龙襄，这位当年大败李广、公孙敖，兵阻卫青的匈奴左大将，也颇令人忧惧。霍去病思忖片刻，传令集将议事。周锐听罢军情，请令道：“还偷营劫寨必须迅疾，还是末将去为上！”去病摇头道：“彼营内外数层，得王只能于中营举事，而大门这一关还须我军自行处置。”周德道：“行动疾敏，某不及成山。攻门夺寨，还是末将去！”霍去病觉得有理，他略一思忖，吩咐道：“周锐、周德同去，周德打门，破寨后周锐猛冲，你二人彼此协力，不离不散！”二周承命。

霍去病暗道：“虽与得王有约，那须卜龙襄却非等闲之辈，劫营并非万无一失。”当即吩咐李复、贺晟：“你等各引2000人马于敌营外接应。”同时派孟成率所部弓箭手随二周同行。定更时分，周锐、周德率1000黑甲铁骑潜于匈奴营下。梆声刚过，敌营内突然一阵骚乱。周德料是千骑将得王举事，当即令士卒以弓弩掩护，自己纵马杀上，二斧劈开寨门。周锐正欲率士卒跟进，周德已冲入敌寨。此时胡营已是乱纷纷一团糟。周德冲至中营，但见人马乱窜，也分辨不清，忙厉声吼道："得王安在？速来接应！"这一声却成了目标，无数枝张弓待发的利箭迅即从暗处射来。周德毫无防备，登时身中4箭。正危急时，周锐杀到。他连忙跃过周德，以大枪拨打雕翎。

正在这时，突听一声锣响，胡将铜离、冉礼分两路杀来。那些乱窜的胡兵迅速成队列围上。周锐见势不妙，急令校尉刘普架起周德，率兵且战且退。坐镇指挥的须卜龙襄见此情景，忙派复陆文追截。周德行动不便，汉军眼睁睁被胡兵追杀。正值危急，孟成率200弓箭手一阵排子箭，射往复陆文，掩护二周退出敌寨。须卜在襄见状，当即率5000铁骑兵杀出营来。幸得李复、贺晟接应，忙放过周锐、周德，与胡军激战。

汉军戎装

汉朝骑兵

霍去病正在等候捷报，见周德血衣而入，不由大惊道：“却出了何事？”周德忍痛答道：“末将未见得王，胡兵似有准备！”霍去病甚为惊愕，他见周德伤势很重，忙派校尉柳时将其送回陇西救治。刚送走周德，小校来报：“胡兵攻势甚猛，李复、贺晟告急！”霍去病不敢怠慢，亲上营垒指挥，同时急令周锐、赵破奴以3000铁骑驰援。双方恶斗至东方泛白，须卜龙襄见难以得手，方才退兵。霍去病长嘘一声，传令收兵。

经此一夜恶战，汉军更是疲惫不堪。霍去病正待歇息，校尉刘普来报：“千骑将得王率兵烧了我后营粮草！”去病一听，方才明白千骑将得王阳奉阴违，不禁暗悔自己过于轻信。此战汉军新败，粮草又失，真是艰险重重。众将听说粮草有失，皆大帐候命。霍去病蹙眉片刻，突然拍案大笑：“千骑将得王出尔反尔，虽暗助须卜龙襄一臂之力，却使之背上个大包袱！”周锐迷惑不解，问道：“骠骑所言何意？”

霍去病手指敌营，道："须卜龙襄原是匈奴主掌军旅之左大将，堪称当年军臣单于之第一上将军。数年前他兵阻白岭关，曾使卫大将军一筹莫展，可见其固守本领。当此决战之时，他若死守燕岭，本官逾越不得，加之粮草不济，却如何求胜？"霍去病顿了顿，笑道："昨夜千骑将得王暗告机密、偷袭汉营粮草，使之小胜我军。倘若本官对得王发难，须卜龙襄却不能坐视不管了！"

众将见骠骑受挫不馁，皆增了信心。霍去病向赵破奴仔细问了千骑将得王庭的情况，当即传令："周锐、赵破奴率3000铁骑去攻打千骑将得部！"他又叮嘱周锐："至彼先据南城，以铁骑突袭北城。待须卜龙襄救兵赶到，可让出北城，死守南城勿懈！"周锐得令，急与赵破奴出征。二人西行40里，来到千骑将得王庭。周锐与赵破奴略一计议，赵破奴飞马攻占南城，周锐迅即杀入北城，千骑将得王闻报大惊，忙率军出战。此时赵破奴正与铜离苦战，周锐当即挥军夹攻。双方在北城外恶斗一个时辰，铜离所部渐渐招架不住。早有探马禀报须卜龙襄，他暗暗叫苦，忙吩咐复陆支："铜离独力难支，你速去救援。切记，南城已失，你务必守住北城，保护得王。"复陆支去后，须卜龙襄孤坐沉思，才感到千骑将得王已成了自己用兵的累赘。他不禁叹道："霍去病洞察秋毫，将这乾坤倒转了！"急切之下，命大将冉礼率兵猛攻汉营，以期“围魏救赵”。哪知片刻刚过，冉礼败报：“汉军固守严密，我部伤亡惨重！”须卜龙襄长叹一声，下令撤兵。

霍去病纵马上前，问道：“将军在匈奴官场已入绝地，如今又在四面包围之中，还不投降吗？”须卜龙襄冷笑道：“本官乃堂堂河西大将，纵死不降汉人！”霍去病笑道：“将军昔日还曾是匈奴主掌军旅之左大将。”须卜龙襄怒道：“这与你汉人何干？”说罢抡刀猛劈。

此时，周锐、李复、赵破奴早已按捺不住，当即挥军掩杀，将匈奴人马悉数歼灭。须卜龙襄倚仗一身骑射本领，带着大将铜离、冉礼落荒而去。天光放亮时，贺晟回报：“千骑将得部已被平定。”周锐忙问：“可曾捉到贼王？”贺晟叹道：“这厮奸诈，却被其逃过。”周锐一听满心不快。霍去病笑道：“得王跑了？这也算大喜！”他传令将千骑将得王妃送返王庭，并赠与大量钱帛，以助其治国。处置完毕，霍去病在南城建造一座壮士冢，以埋葬周锐所部死难将士，将那十余名舍身烈士单独列碑祭典。

汉军戟兵

至此，霍去病以六天六夜，经稽沮、乌戾、狐奴、速濮直抵千骑岕得部，前后五次大败浑休人马，胜利打通从陇西到河西首府燕支山的数百里狼烟要道。

漠北决战直捣单于王庭

河西大战后，汉匈边境平静两年，时至汉武帝元狩四年（公元前119年）春，这日武帝召集廷议，与文武重臣商讨往朔方以南调集民力及裁减陇西守军之事。正说得紧，宦者令来报："朔方太守李休入觐，言称匈奴单于伊稚斜迁都！"

武帝见霍去病，问道："匈奴迁都，霍爱卿以为是喜是忧？"霍去病道："皇上若不早用良策，只怕他年贻害匪浅！"武帝觉得有理，问道："依霍骠骑之见，当如之奈何？"

霍去病道："臣6年前从平阳入京，于未央宫与皇上论及匈奴之事。当时臣言匈奴依靠伊稚斜、太子左贤王、右贤王、浑邪王、休屠工等5人，时过境迁，右贤王、浑邪王、休屠王俱已辉煌不再，匈奴只有龙庭之伊稚斜及漠北狼居胥山之左贤王。"他看了一眼群臣，道："臣

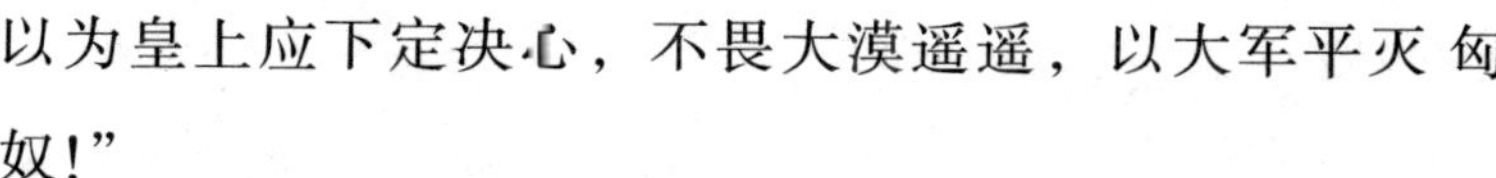

以为皇上应下定决心，不畏大漠遥遥，以大军平灭匈奴！”

武帝心中一震，他思忖片刻，传旨道：“漠北大战关乎大汉兴衰，卿等回府三思，明日早朝再做决策！”

傍晚时分，武帝与皇后卫子夫、太子刘据于通明殿小坐。卫皇后问道：“皇上为何事忧愁？”武帝苦笑道：“朕登基20年，历大险无其数，成大功无其上，临到漠北决战，竟也决心难下了！”卫子夫问道：“卫青、去病有何打算？”武帝道：“他二人俱是武将，自然主张一举平灭匈奴。而今国府空虚，朕以何支持漠北大战呢？”

正说着，宦者令来报：“大将军卫青、骠骑将军霍去病求见！”武帝急令宣召。霍去病行礼毕，问道：“若非国库空虚，皇上能否打这漠北大战？”武帝不禁笑道：“朕必派卿马踏狼居胥山！”霍去病道：“元狩二年臣攻打河西，正值元狩元年卫大将军两度出塞，皇上可谓连续用兵，那时国库比现在如何？”武帝道：“河西之战距今已历二载，国力较当时不弱，然而漠北所需岂是河西之战能比？”

霍去病道：“皇上所言极是，但若黄河决口，其消耗比漠北大战如何？”武帝叹道：“黄河发难，天下无双，又岂是漠北之战能及？”霍去病道：“黄河之灾千古难定，漠北之战仅需一次，陛下不畏黄河决口，又怕什么漠北大战!”

武帝精神一振，不禁大笑道：“去病乃大将，亦舌辩之士也！黄河决口乃大灾，朕不怕，漠北之战乃大险，朕又何惧之有!”汉武帝摆开匈奴地图，与两个股肱之臣彻夜长谈漠北决战事宜。随之，武帝下定决心，打这一场大汉抗击匈奴史上空前绝后的漠北大战。

次日早朝，汉武帝于未央宫传下圣旨，动员铁骑10万、步兵20万、民夫14万，以大将军长平侯卫青为主帅，率左将军公孙贺、右将军赵食其、后将军曹襄及李广、公孙敖等大将，以骑步兵共计15万，兵出定襄直扑伊稚斜龙庭。以骠骑将军冠军侯霍去病为主帅，右北平太守路阵德为副帅，朔方太守李休为参军，携刑山、李敢、徐自为、赵安稽及霍去病亲军周锐、周德、李复、贺晟、赵破奴、须卜龙襄、伊即钎等27员大将，率5万铁骑、10万步卒及10万民夫出代郡，直奔大单于太子左贤王之狼居胥山。

10日后，汉武帝从各地集齐漠北大战所需的人马、钱粮，于广明校军场检阅出征大军。汉武帝眼望似潮兵海，对霍去病、卫青道：“二位将军任重道远，朕举倾国之兵，用倾国之资，为的便是这漠北大捷。卫大将军远征龙庭伊稚斜，可谓艰也；霍骠骑攻打漠北左贤王，可谓险也！天下艰险系于二位将军一身，盼早日凯旋，不负朕望!”

汉武帝拿起兵符、令箭，对卫青道：“朕自起用大将军，十几年来打得胡人闻风丧胆。绕龙城、取河南、逐右王，更是天下扬名。今朝远征伊椎斜的重任便托付于卿，祝卿早日凯旋!”汉武帝拿起另一套兵符、令箭，对霍去病道：“卿年仅22岁，已是名震四方。自出世以来，擒杀籍若侯、破帛兰、夺祁连、收降浑邪王，谓不世奇功也！而左贤王乃匈奴王者至尊，其拥兵、辖地便是当今单于伊稚斜亦无法比拟，夺得漠北，匈奴便名存实亡了。”他顿了顿，郑重道：“朕将主攻漠北的重任交付于卿，望卿再逞神勇，马踏狼居胥山!”霍去病叩头道：“皇上天恩，臣永志不忘。此番不灭匈奴，臣誓不还朝!”当即点齐大军，向塞北进发。

汉武帝以霍去病、卫青为主将，发兵两路灭匈奴。伊稚斜为稳固狼居胥山之根基，命左大将比车耆亲至漠北指挥。几日之间，由于乌双所部在罱崎被汉将路博德牵制，霍去病又迅速攻占离候山、弓间水。伊稚斜深恐太子不抵，亦顾不得龙庭处于卫青大军威胁之下，派第一重臣章渠亲临狼居胥山。太子左贤王与章渠、比车耆计议后，以匈奴左大将比车耆为主帅，鄢德、堂邑锋、蔄项、胥臣、佾谷为大将，发10万重兵锁定大漠，挡住了霍去病从弓间水进军狼居胥山之路。

汉匈两军在大漠对峙，霍去病抢先出兵挑战。比车耆虽贵为匈奴主掌军旅之左大将，却不曾与汉国十数万人马作战。他向对面望去，扯地连天的汉军盔明甲亮，无数旌旗竟遮住了大漠黄沙！

当夜子时，霍去病正在帐中秉烛长读，贺晟匆匆来报："我军衣着单薄，挡不得大漠奇寒！"霍去病一怔，他到帐口观望，才感觉冷气逼人。贺晟道："军中战马5万余，只恐为寒冷冻伤。"霍去病吩咐道："速召各营将佐，至大帐议事！"

霍去病道："战马若三军之足，不可为夜寒所伤。"他想了想，吩咐贺晟："速将粮袋悉数腾出，保证战马御寒，余者分发士卒，不得有误！"李休望着贺晟背影，叹道："如此能挡得一时，却非求胜之道也！"

正在这时，探马来报："左贤王向罽崎乌双所部增兵，路将军请骠骑定夺！"众将闻报大吃一惊，李休不禁叹道："我军被比车耆阻于大漠，路博德又处于劣势，却如之奈何？"

霍去病沉吟半晌，突然笑道："本官正在棘手之际，不想左贤王却送上一招绝妙好棋！"李休问道："我军两路吃紧，骠骑何出此言？"霍去病起身道："比车耆乃将才也！我十数万大军被其阻于大漠，粮草不济、夜寒困扰，日久断难求胜。如今太子左贤王给乌双增兵，反倒提醒了本官。"

霍去病命人展开地图，向众将指点道："我大军冲过离候山、弓闾水，已位于乌双之侧后方。本官若从大漠分兵夹攻罽崎之乌双所部，比车耆如之奈何？"霍去病当即吩咐："李参军率3万人马，次日晨时大张旗鼓向莆城方向进发！"并以周德、李敢、赵破奴三将佐之。

次日晨时，匈奴大将鄢德入帐禀报："汉军营后尘头大起，霍去病似派大军攻击乌双后路莆城！"比车耆闻言似惊雷击顶，他匆匆登上刁斗，向彼营眺望。果然不假，汉营后旌旗猎猎，黄沙飞扬，大队汉军正在向莆城方向行进。比车耆传下将令："堂邑锋、胥臣、佾谷依次率部后撤，老夫为中军，鄢德殿后！"

胡营尘土大起，贺晟忙报与主帅。霍去病闻报一怔，暗道："莫非是左贤王向大漠增兵？"他急召李复、须卜龙襄入帐计议。须卜龙襄甚为诧异，道："左贤王拥兵总计20余万，如今10万给了乌双，10万给了比车耆，除却守山之卒，哪还有援兵可派？莫非比车耆不战而走？"李复摇头道："比车耆只与我军昨日一战，并未大伤元气，何以不战而退？再说乌双危在旦夕，他安敢撤兵？"霍去病觉得有理，吩咐贺晟："约束士卒，静观胡营动向！"

傍晚时分，贺晟匆匆来报："禀骠骑，比车耆全甲而退，彼营空空如也！"霍去病闻言大出意外，失口道："这厮真的退兵?!"

探马禀报伊稚斜增兵漠北，霍去病道："前日得到探报，说卫大将军攻克龙庭，擒杀右贤工及匈奴左骨都侯呼衍利，打得单于望风逃遁，想那伊稚斜自身难保，又如何向漠北派出援兵？"副帅路博德道："伊稚斜坐失龙庭，已是苟延残喘；此番派兵增援狼居胥，无非是想保住匈奴最后一片领地！"

霍去病思忖半晌，道："路将军所言成真，伊稚斜便是弄巧成拙了！"路博德问道："霍骠骑所言何意？"霍去病道："伊稚斜浪迹荒野，却向狼居胥派来援军，其子左贤王安能不感念父恩？如此，本官去追杀当于昊的龙庭援军，左贤王、比车耆又安忍坐守狼居而不救？"

路博德问道："霍骠骑欲施'引蛇出洞'之计？"霍

去病道：“伊稚斜自身难保，不会派来多少援兵，匈奴右大将当于昊更是无用鼠辈，本官于荒漠追逐，诱左贤王、比车耆下山相救，正可与之决一死战！”

路博德请令道：“骠骑妙计！末将愿去大漠迎战当于昊”霍去病道：“本官率2万铁骑去擒杀当于昊，路将军且引平北大军静候左贤王下山！”

匈奴右大将当于昊出兵大漠，踏滚滚黄沙奔狼居胥山杀来。此时，汉军早已严阵以待。当于昊见汉军追来，不禁心中大喜，忙率军在前“引导”。两军在漠野中疾进，夜幕降临时，胡兵突然无影无踪。此时，所有汉军乃至霍去病，皆已迷失方向！

赵破奴叹道：“骠骑若听末将之言，何至于此？”霍

汉代骑兵作战复原图

去病笑道："赵司马勿忧，且看本官如何遁出大漠！"他吩咐贺晟："将小月氏橐驼牵来！"贺晟引来橐驼，道："末将依骠骑叮嘱，令马夫不与饮水，方才这牲心神不定，欲挣索远遁！"霍去病道："贺将军牵定绳索，随其自由前行。"赵破奴一怔，问道："橐驼不过小月氏畜牲，骠骑安能以之引路？"

霍去病反问道："赵司马可听说过'老马识途'？当前匈奴苦设玄机，自然得留好屯兵之地。似他数万铁骑，无水源断难久持。而这橐驼颇善大漠寻水，若能寻到水源，也便找到匈奴屯兵之所！"

当下汉军在橐驼引导下，于漠野中穿行。此时东方已泛鱼肚白，汉军冲过沙山，却见前方漠野上横七竖八地躺着当于昊的单于援军。汉军以迅雷不及掩耳之势，沿沙山冲下。可怜伊稚斜最后一点人马，在困死霍去病的迷梦中，被汉军杀得四散奔逃。当于昊、祺彤似丧家之犬，于漠野中仓皇逃窜。无可奈何之际，只得引残部投奔狼居胥山。

再说狼居胥山，天刚放亮，左相国且麟匆匆禀报："单于援军为霍去病所败，右将当于昊身陷绝境！左贤王正为姑衍大捷而沾沾自喜，一听单于援军有难，不禁大吃一惊，忙传旨召集庭议。

比车耆道："左相国不可掉以轻心。我军优势俱在狼居群山，若轻易下山，正中了霍去病打援诱我之计！”左贤王拍案而起，骂道：“你等俱是贪生怕死的鼠辈，且看孤下山大战汉军！”当即不由分说，带着左相国且麟，大将乌双、鄢德、胥巨、俏谷，以10万人马下山 出战。

汉军20万、胡兵10万，于狼居胥山前拼杀，直打得日月无辉、山川失色！匈奴人毕竟兵少，渐渐招架不住。正在这时，探马禀报左贤工：“霍去病擒杀右大将当于昊及大臣祺彤，单于援军悉数尽没！”

就这样，号称匈奴王者至尊的左贤王，单于王继承者——太子乌维，抛弃了其父伊稚斜单于的发祥地——

匈奴最后一片领地狼居胥山，向人烟稀少的北方寒地逃遁。

霍去病指挥平北大军紧追不舍，一举俘获匈奴第一重臣章渠。至此，汉军已歼灭漠北胡兵主力，下一仗便是攻打狼居胥山，以期结束漠北大战。

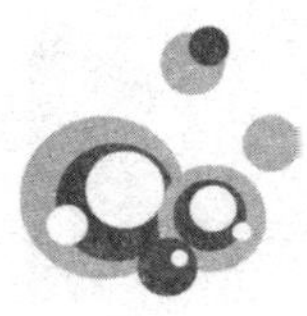

马踏狼山

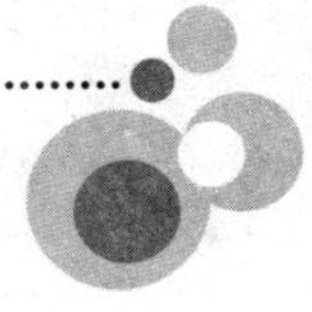

由于左贤王一意孤行，致使章渠被捉、人马尽没，如今狼居胥山的残兵总计不过2万，却如何抵挡霍去病的似潮兵海？漠北左大将乌双率众将下拜："太子远遁、章王被俘，狼居将士唯以左大将比车耆马首是瞻。"比车耆道："王庭守军加上屯头王、韩王所部，总计2万余，更兼狼居机关密布，若将士用命，守山并非死路一条！"比车耆思忖片刻，对大将佾谷道："霍去病深知左贤王庭难攻，必先取姑衍，以折去狼居一臂。姑衍虽为狼居重地，却不及主峰易守难攻，老夫恐堂邑锋抵不住汉军猛攻，欲请将军坐镇姑衍。"佾谷拱手道："末将熟知姑衍地理，愿效死力挡住霍去病！"

匈奴姑衍易将，早有汉军探马报与主将。霍去病于大帐集将，商议对策。路博德道："比车耆使佾谷换下堂邑锋，看来是要据山死守了。"赵破奴道："左贤王弃山

霍去病塑像

远遁，章渠为我阶下囚；比车耆螳臂当车，亦是心有余而力不足矣！”霍去病道：“赵司马言之有理，比车耆纵有于狼居群山中指挥万军的雄心，却已是无兵可用。此番他令俏谷换下堂邑锋守姑衍，实是无奈下策。依本官之见，先拿下俏谷之姑衍，折断主峰王庭一臂，再一举攻克狼居！”

霍去病率军冲到姑衍山下，李复指点道：“前日须卜将军便丧于那谷中！”霍去病微微点头，他看了看山势，对众将道：“姑衍山险，攻打不易，我军须付出重大伤亡，方有成功之望！”霍去病当即传令：“将人马分为4队，所部士卒着重铠轮番攻山！”

一个时辰内，姑衍山上尽染汉军碧血，累计伤亡6000人。霍去病双眼湿润，对众将道：“战到此时，敌我俱疲，你等稍歇，待本官率部杀上山去。”众将皆惊，周锐道：“骠骑身系20万将士安危，不可亲冒矢石。”霍去病略一思忖，吩咐道：“你等约束所部，半个时辰后随本官一同进攻！”

佾谷望着遍布山坡的汉军尸体，不禁暗自赞叹。胥臣禀报：“汉军十余次猛攻，姑衍8000守军已折却半数，防守辎重所剩无几！”正说着，胥臣指点道：“将军快看！左大将从狼居胥向姑衍发来旗语，请将军撤回王庭！”

佾谷刚走，霍去病身先士卒，率大军杀上姑衍山，率众回到狼居山前。正在这时，突然天降大雨。路博德道：“大雨滂沱，狼居山道已是一片泥泞。我军是否暂且收兵回营，待雨歇再战！”霍去病摇头道：“暴雨倾泻，我军攻山难，比车耆守山更难，此正攻打狼居胥之良机也！”他吩咐参军李休：“整肃三军，于狼居山前列阵！”

片刻之后，周锐、周德、李复、贺晟、赵破奴、伊即轩、李敢、刑山、徐自为、赵安稽等37员大将各率所部于山前排列。平北大军三位统帅——骠骑将军霍去病携副帅路博德、参军李休并马检阅三军。霍去病注视众将，郑重道："天降大雨，姑衍阵！"将士的鲜血已染红青山。狼居胥山乃匈奴太子左贤王王庭，其凶险更非姑衍可比。本官远征河西时尝言，'不历大险，何成大功?'。今日狼居胥山之战，已非单一个险字可言。你等必抱决死之心，以成就马踏狼居胥之千秋伟业！"

霍去病手指狼居城墙，道："狼居城郭经历代左贤王及伊稚斜父子修建，可谓固若金汤。不过最阴险的毒蛇亦有怕打的要害，你等率部漫山攻进，只要打到狼居城墙的'七寸'，便可一战而克之！"他吩咐路博德："路将军锁定狼居后路，以防比车耆逃遁！"又吩咐参军李休："李将军驻守大寨，为我攻山之后援！"

汉军将士同仇敌忾，以血肉之躯顶住了滚木矢石，封住了玄机暗器，3个时辰间，以平北大军副帅、参军李休阵亡、将士死伤逾万的代价，终于攻占狼居外城，并俘获狼居裨王——屯头王、韩王。霍去病整肃三军，指挥似潮兵海涌的汉军向山顶的狼居内城——左贤工庭进发。

行军间，大将周锐喊道："骠骑快看！"霍去病循声望去，王庭城楼上已悄然竖起一面白旗。霍去病昂首注视，心中暗生疑惑。正在这时，城楼上匈奴大将鄢德高喊："汉军听真，某杀了比车耆，愿向霍将军请降！"

霍去病严令三军伫立，却仍迟迟不动。周锐心中焦躁，问道："鄢德已言独力难支，骠骑因何不救？"霍去病怒道："他若诈降，我军岂不是自投罗网？"周锐反问道："鄢德若是真降，我军岂不省却攻城之苦？"霍去病闻言默然，他如何不知攻坚之难？方才姑衍及狼居外城之战，累计损兵16000人，亲眼看到副帅李休及将士捐躯报国，其心在滴血作痛。周锐道："待末将去探其虚实，鄢德真降，我军可少损人马。倘若其降有诈，也只损某一身！"霍去病深知久持于军不利，他凝眸注视周锐半晌，以手重拍其肩道："成山身经百战，当见机行事。

马踏飞燕

倘鄢德有诈，从速回兵！”

周锐来到王庭城下，鄢德在城上高喊：“乌双已杀上城墙甬道，周将军速来救我！”周锐此时已隐约听得城中喊杀声，不禁心急如焚，他不由分说，率先闯入外城门。霍去病在城外观望，猛见城上胡兵向外城门口投掷滚木沙袋，飞马跃过城门阻隔，却看到门洞内的惨烈景象。周锐所部数百名将士被胡人从城楼天井扔下的铁扎枪打杀，悉数为国捐躯。他纵马前行，两扇内城门在相距七尺处戛然而止，其间挤死数十名汉军。正是以周锐为首的勇士用血肉之躯使乌双无法关闭城门，为平北大军破城留下了一条通途！霍去病怒火上撞，吩咐周德、赵破奴：“速引兵追杀比车耆，将其碎尸万段！”自己飞身上马，带着李复、李敢所部，径奔乌双逃遁方向追去。

此时，比车耆已逃至山顶——五狼天池。汉将周德、赵破奴随后率兵杀到。赵破奴眼见胡兵协手同心，已将闸门提起丈余，不禁大惊道：“不好！比车耆欲放‘五狼天池’之水淹我平北大军！”周德心急如焚，急忙纵马冲到闸下，以手中利斧狠劈塔楼木桩。大将周德之膂力堪称汉将之首，几斧劈下，塔楼歪倒，坐镇指挥的比车耆及摇辘士卒倒坠而下。顷刻之间，失去提力的千钧铁闸从半空轰然落下，匈奴三军统帅——左大将比车耆，欲以螳臂当车，终落得尸骨无存。

再说匈奴漠北左大将乌双，他奉比车耆之命吸引霍去病，可惜王庭内已遍布汉军，走投无路之际，只得回马来战。此时，霍去病早已尾随而至，血贯瞳仁，哪还有甚言语？当即挥动大枪，直刺乌双。乌双更不怠慢，迅即施出13路“银凤枪”。这二人一个是汉国神枪，一个是匈奴利矛；一个是南国细腻枪技，一个是北方力胜绝招。120个回合过去，依然不分胜负。乌双猛然使出“百鸟朝凤”，大枪似百道金光射向霍去病。霍去病毫不迟疑，立即使出从未用过的绝技——金雨化一线。只见其大枪纷飞，闪出无数金光。二将的招法俱是在分心上下功夫，谁能得胜，便在功力的扎实与精巧上。须臾之间，乌双略一分神，却听霍去病一声怒吼，大枪似急闪直下，“金雨化一线”，正扎进乌双胸膛！

霍去病进驻左贤王宫，于金殿集将议事。大将贺晟禀报慨：“狼居胥之战俘获匈奴太子左贤王阏氏及屯头王、韩王，匈奴左大将比车耆、漠北左大将乌双及狼居胥大将鄢德殒命，并俘获堂邑锋、赵威。斯役擒获太子左贤王大臣83人，匈奴最后一片领地——漠北狼居胥山已归我大汉！”

封狼居胥

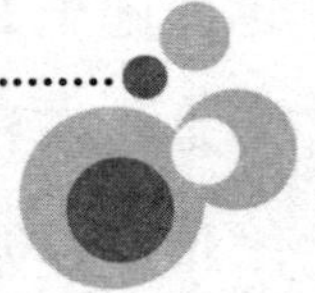

汉武帝元狩四年（公元前119年）春，汉军马踏狼居胥山，夺取匈奴最后一片领地。骠骑将军冠军侯霍去病写下奏折，命快马去长安禀报漠北大捷。此后7日间，大将贺晟依照骠骑将令，于姑衍山督造建壮士冢及校军广场。霍去病身着金甲锦袍，与副帅路博德携李复、贺晟、赵破奴、伊即轩、李敢、刑山、徐自为、赵安稽等35员大将，率20万大军伫立于姑衍广场。经7日休整，三军将士尽扫连日征战的疲惫，神色庄重精神饱满。霍去病望着姑衍山上如林墓碑群，心中思潮汹涌：千古奇绝的漠北大战彻底打垮了号称匈奴王者至尊的太子左贤王势力，创造“匈奴远遁，漠南无乏庭”的空前大捷。作为指挥漠北决战的汉军主帅，怎不令其欣喜？然而，面对眼前的如林碑群，又令其悲从中来。正是李休、周锐、周德、须卜龙襄及数万名将士的舍生报国，及身后数十万大军的浴血奋战，才换来今日之“马踏狼居胥”。胜利是空前的，代价亦是巨大的。霍去病脚步沉重，与路博德率35位大将登上姑衍山。霍去病道：“各位将士随霍某远征大漠，一腔热血染红姑衍、狼居，为我军‘马踏狼居胥’铸就一条坦途，此情故国父老永记，此义青史千秋长存！”

3日后，汉朝大行令李息持汉武帝谕旨来到狼居胥山。李息于金殿设摆香案，高声诵读皇旨。制曰：“大汉一统，千秋万代。卿挥雄师，马踏匈奴于狼居胥，靡左王全甲，拓大汉国土千里，谓旷世奇功也。大漠遥遥，朕心甚念。回兵之时，嘱即代朕于狼居胥封山祭天，张大汉威仪，扬中华雄风。”

霍去病塑像

霍去病

大行令李息念罢皇旨，又取出一份诏书，当庭宣布汉武帝为彰显骠骑奇功，晋升骠骑将军霍去病为大司马，加赐食邑5800户，并明令其官阶、俸禄与大将军卫青同。这标志着霍去病已成为汉武帝在军事方面的第一重臣。

霍去病率众将来到狼居胥山顶，天色已完全黑了下来，20万大军点燃火把，再次照亮青山。霍去病缓步登上10丈高台，行毕封山祭天大礼，面对东南天际道："三皇五帝，大汉列祖列宗：我大汉自盘古开天，既雄踞中原，威服四方。然自成王分封，七雄并起，致天下大乱、国运不昌。北方蛮夷伺机侵犯，寇扰中原达数百年之久，此谓奇耻也！当今皇上雄才伟略，勤政治民、秣马厉兵，大展平灭北蛮之志。霍去病承受王命，始从元朔六年从军出塞，经古晨、古里、虎岩之战，擒杀匈奴宗籍若侯。元狩二年奉皇命两度平西，经沙场血战，诛卢侯、折兰贼枭，迫浑邪降汉，并攻占祁连、燕支，打通汉朝连接西域之咽喉。元狩四年春，皇上审时度势，命霍去病与大将军卫青发40万重兵出塞，其势必得所欲！霍去病与敌枭太子左贤王血战大漠险山，终于马踏狼居胥，使匈奴远遁，漠南无王庭！”

自霍去病漠北大捷，大汉百姓不闻胡音铁蹄之声，中原沃土亦免遭胡蝗染指。至此，汉匈战争史上规模最大的漠北战役结束，匈奴对汉朝的威胁不复存在。大汉骠骑将军冠军侯霍去病在河西、漠北创下的卓越功勋，彪炳史册。

中华
爱国
人物故事
ZHONGHUA AIGUO RENWU GUSHI